BOCHUMS BAUTEN 1860-1940
Ausgewählte Quellen
von
Berhard Kerber

CIP-Kurztitelaufnahme der Deutschen Bibliothek

Kerber, Bernhard:
Bochums Bauten: 1860 - 1940; ausgew. Quellen /
von Bernhard Kerber. – Bochum:
Studienverlag Brockmeyer, 1982.
ISBN 3-88339-261-8

Gedruckt mit Unterstützung
des Landschaftsverbandes Westfalen-Lippe

ISBN 3-88339-261-8
Alle Rechte vorbehalten
© 1982 by Studienverlag Dr. N. Brockmeyer,
Querenburger Höhe 281, 4630 Bochum
Druck Thiebes GmbH & Co. Kommanditgesellschaft Hagen

Ausgewählte Quellen von Bernhard Kerber

BOCHUMS BAUTEN 1860 – 1940

Studienverlag Dr. N. Brockmeyer, Bochum

VORWORT.

Begreift man die Architektur als Sozialform (Stemmrich), so ist sie die Selbstdarstellung einer Stadt. Daher wird die Pflege des Erbes – zumal nach den Kriegszerstörungen – eine verpflichtende Aufgabe. Diese Bauten sind Zeugnisse der siedlungs- und stadtgeschichtlichen, der sozial- und technikhistorischen Entwicklung. Sie haben häufig einen hohen dokumentarischen und künstlerischen Rang. Nicht Nostalgie, sondern differenziertes Selbstverständnis ergibt sich aus ihrer Kenntnis.
Ein gut sanierter und in Form und Farbe erhaltener Baubestand kann die Verödung der Stadtzentren stoppen, ja rückgängig machen, denn er verhindert die Ausbildung einer toten, uniformen Monostruktur und die Entwicklung von Slums.
Notwendig ist die Aufklärung der Bürger durch Stadt- und Kunsthistoriker, der koordinierte (nicht integrierte) Einsatz von Denkmalpflege und Planungsämtern, eine rücksichtsvolle Verkehrsplanung und eine strenge Kontrolle privater Geschäftsinteressen. Auch scheinbare „Kleinigkeiten" wie Farbwahl und Fensterveränderungen sollten beachtet werden. Zu fordern ist eine verständnisvolle, gezielte (nicht gestreute), finanzielle und steuerrechtliche Unterstützung.

Diese Publikation ist nicht als Lösungsvorschlag, sondern als diskussionsfördernde Information gedacht. Mittels ausführlich zitierter, zeitgenössischer Quellen sollen die Voraussetzungen wirtschafts-, sozial- und kulturhistorischer Art, z. B. auch die Wirkung ausgewählter öffentlicher Bauten im heutigen Stadtgebiet Bochums gekennzeichnet werden. Deshalb werden die Wettbewerbe einbezogen. Der begrenzte Umfang der Publikation schloß das hochinteressante, umfangreiche und noch wenig bekannte Gebiet der Industriearchitektur ebenso aus wie den bürgerlichen Wohnbau, dessen Erforschung inzwischen von anderer Seite intensiv betrieben wird. Fragen der Stadtplanung sind durch die hervorragende Arbeit von Wolcke geklärt. Die hier vorliegende Auswahl bemüht sich um die Verbindung stadthistorischer Aspekte, künstlerischer Qualität, Dokumentation unterschiedlicher Stile und Bauaufgaben. Deshalb werden auch kriegszerstörte Bauten einbezogen. In der Regel bleiben nachträgliche Veränderungen außer Betracht.

Zu danken habe ich für mannigfache Hilfe: dem Direktor des Stadtarchivs Herrn Dr. Wagner und seinen Mitarbeitern, zahlreichen Pfarrämtern aller Konfessionen, Herrn Pater Scholten und Herrn Superintendenten Werbeck, dem Planungsamt, dem Landeskonservator in Münster (Frau Dr. Dorothea Kluge), der Vereinigung für Heimatkunde Herrn Beckmann, Frau Erna Schroer, Herrn Pastor Voyé, Alexander Fils, Dr. Eduard Führ, Dr. Manfred Jelonek, Dr. Norbert Messler, Dr. Enno Neumann, Dr. Daniel Stemmrich, Herrn Peter Rauwerda und Herrn Zimmermann, Herrn Architekten Schmiedeknecht und Herrn Dieter Kirchmeier.

Dem Landschaftsverband Westfalen-Lippe danke ich für einen Druckkostenzuschuß.

Herr Dr. Norbert Brockmeyer hat sich sorgfältig und geduldig für die Publikation eingesetzt.

B. K.

Inhaltsverzeichnis

Vorwort

I.	Zwei Arbeitersiedlungen. Stahlhausen und Dahlhausen	1
II.	Die Bergschule	15
III.	Das Ehrenfeld. Knappschaft und Theater	23
IV.	Kaufhaus Alsberg-Kortum	37
V.	Stadtbaumeister Karl Elkart	39
VI.	Das Lueg-Hochhaus	51
VII.	Hotel Haus Rechen	55
VIII.	Paul-Gerhardt-Haus	65
IX.	Kommunalbank	71
X.	Rathaus	73
XI.	Evangelische Kirchen	103
XII.	Katholische Kirchen	129
XIII.	Synagoge	149

Abb.-Verzeichnis

1. Bochum-Stahlhausen, Logirhaus — 13
2. Bochum-Stahlhausen, Bebauungsplan — 13
3. Bochum-Hordel, Siedlung Dahlhausen — 14
4. Brantzky, Bochum, Bergschule — 21
5. Brantzky, Entwurf „Quintessenz" — 21
6. Brantzky, Entwurf „Würfel" — 22
7. Bebauungsplan für das Rechener Feld — 32
8. Thierbach, Bochum, Knappschaft — 32
9. Thierbach, Bochum, Knappschaft — 33
10. Thierbach, Bochum, Knappschaft — 33
11. Thierbach, Bochum, Knappschaft — 34
12. Bochum, Orpheum — 34
13. Bochum, Orpheum — 35
14. Bochum, Theater — 35
15. Elkart, Bochum, Oberrealschule — 46
16. Elkart, Verwaltung des Elektrizitätswerks — 46
17. Heinemann u. Homel, Bochum, Stadtgarten — 47
18. Tietmann u. Wolff, Bochum, Stadtgarten — 47
19. Müller, Bochum, Stadtgarten — 48
20. Pipping u. Nilson, Bochum, Stadtgarten — 48
21. Stähler u. Horn, Bochum, Stadtgarten — 49
22. Lepelmann, Bochum, Stadtgarten — 49
23. Stein, Bochum, Stadtgarten — 50
24. Schnee, Bochum, Stadtgarten — 50
25. Pohle, Lueg-Hochhaus — 54
26. Fahrenkamp, Bochum, Haus Rechen — 60
27. Fahrenkamp, Bochum, Haus Rechen — 60
28. Fuß und Mewes, Bochum, Haus Rechen — 61
29. Flerus u. Konert, Bochum, Haus Rechen — 61
30. Sandgrebe, Bochum, Haus Rechen — 62
31. Breuhaus u. Rosskotten, Bochum, Haus Rechen — 62
32. Neumann, Bochum, Haus Rechen — 63
33. Drüen u. Revermann, Paul-Gerhardt-Haus — 69
34. Kreis, Bochum, Ehem. Kommunalbank — 72
35. Jürgensen u. Bachmann, Bochum, Rathaus — 91
36. Krämer u. Herold, Bochum, Rathaus — 91
37. Lennartz, Bochum, Rathaus — 92
38. Hansen, Bochum, Rathaus — 92
39. Köhler u. Kranz, Bochum, Rathaus — 93
40. Leonardt u. Blattner, Bochum, Rathaus — 93

41.	Billing, Bochum, Rathaus	94
42.	Siebrecht, Bochum, Rathaus	94
43.	Tiedemann, Bochum, Rathaus	95
44.	Meyer u. Freese, Bochum, Rathaus (Kreuz-Pfeiler)	95
45.	Pipping u. Dünkel, Bochum, Rathaus (Ravenna)	96
46.	Pipping u. Dünkel, Bochum, Rathaus (Ravenna)	96
47.	Graubner, Bochum, Rathaus (Ratshof)	97
48.	Bonatz, Bochum, Rathaus (Kassenhallen)	97
49.	Willkens u. Hoffmann, Bochum, Rathaus (Ratsdiele)	98
50.	Wahl u. Rödel, Bochum, Rathaus (Holt di Fast)	98
51.	Breuhaus u. Rosskotten, Bochum, Rathaus	99
52.	Pohle, Bochum, Rathaus (Spiegelbild)	99
53.	Beck, Bochum, Rathaus (Platzwirkung)	100
54.	Prinz, Bochum, Rathaus	100
55.	Schuhmacher u. Offenberg, Bochum, Rathaus	101
56.	Unbek. Architekt, Bochum, Rathaus	101
57.	Hartel u. Quester, Bochum, Christuskirche	122
58.	Hartel u. Quester, Bochum, Christuskirche	122
59.	Hartel u. Quester, Bochum, Christuskirche	123
60.	Hartel u. Quester, Bochum, Christuskirche	123
61.	Robert, Bochum-Wiemelhausen, Petruskirche	124
62.	Robert, Bochum-Wiemelhausen, Petruskirche	124
63.	Robert, Bochum-Wiemelhausen, Petruskirche	125
64.	Krieger u. Hudlet, Bochum, Melanchthonkirche	125
65.	Krieger u. Hudlet, Bochum, Melanchthonkirche	126
66.	Marks, Bochum, Friedenskirche	126
67.	Marks, Bochum, Friedenskirche	127
68.	Siebold, Bochum-Gerthe, Christuskirche	127
69.	Güldenpfennig, Bochum-Wattenscheid, Propsteikirche	142
70.	Güldenpfennig, Bochum-Wattenscheid, Propsteikirche	142
71.	Bochum, Redemptoristenkirche	143
72.	Fischer, Bochum, Marienkirche	143
73.	Wielers, Bochum, Josephskirche	144
74.	Wielers, Bochum, Josephskirche	144
75.	Wielers, Bochum, Antoniuskirche	145
76.	Klomp, Bochum-Gerthe, Elisabethkirche	145
77.	Franke, Bochum-Wattenscheid, Johanneskirche	146
78.	Becker, Bochum-Wattenscheid, Magdalenenkirche	146
79.	Becker, Bochum-Wattenscheid, Magdalenenkirche	147
80.	Seché, Bochum, Synagoge	152

I. Zwei Arbeitersiedlungen:
Stahlhausen und Dahlhausen.

Aus der Vielzahl der Bochumer Siedlungen kontrastieren wir exemplarisch zwei Grundtypen, die auch den Entwicklungsschritt verdeutlichen. Wir beginnen mit der Beschreibung Stahlhausens durch Oscar Spetzler, Baumeister des Bochumer Vereins (Zeitschrift für Baukunde II, 1879, H. 4, Sp. 537 - 550): „Die Colonie Stahlhausen ist die älteste Colonie des Bochumer Vereins und nur für die Arbeiter der eigentlichen Gußstahlfabrik bestimmt. Bei der Ausführung wurde den Uebelständen und Gefahren, welche das Zusammenwohnen einer großen Menge von Leuten der arbeitenden Klasse unleugbar mit sich führt, durch eine geeignete Bauweise Rechnung getragen. Die Lage dieser kleinen Arbeiterstadt, ganz in der Nähe der Stadt Bochum an der Chaussée von Bochum nach Essen, gewährt den Bewohnern die Vorteile einer ländlichen Bauweise in unmittelbarer Nähe der Stadt. Die Häuser bilden längs der Straßen nicht dicht geschlossene Reihen, sondern sind in Abständen, welche etwa der Länge eines Hauses gleichkommen, aufgeführt. Die Zwischenräume dienen zur Aufnahme der Ställe und Düngergruben, während der zwischen den Hausfronten und der mit Bäumen eingefaßten Straße liegende Raum als Vorgarten benutzt wird... Charakteristisch für die Anlage ist es, daß... die Einzelwohnungen vollständig von einander getrennt sind, so daß die verschiedenen Bewohner nicht in Berührung miteinander kommen... hat sich diese Trennung... bewährt, namentlich auch beim Auftreten epidemischer Krankheiten gegenüber dem Zusammenwohnen vieler Familien in aneinandergebauten Häusern.... Allerdings steht dieses Prinzip im geraden Gegensatz zu der zweitwesentlichsten Bedingung möglichst billiger Anlagekosten und Miethpreise. Dieser Conflikt zweier wesentlicher Bedingungen ist, wie bekannt, am besten bei den Bauausführungen in den cités ouvrières zu Mühlhausen im Elsaß gelöst und sind die dort gemachten Erfahrungen auch bei den hiesigen Bauten benutzt".
Diese Société mulhousienne des Cités ouvrières war 1853 als Zusammenschluß dreier Fabrikanten gegründet worden. Sie wurde finanziert sowohl durch private Ersparnisse wie durch das Zweite Kaiserreich, das die Kosten für den Straßenbau und die Grünanlagen übernahm. In einem Bericht der Gesellschaft heißt es: „Bei der Entscheidung für den Plan... wurden wir vor allem von dem Wunsche... geleitet, die Lebensbedingungen der Arbeiter in Stadt und Land gründlich zu verbessern. Denn der Haustyp, den wir Ihnen vorlegen, ist sowohl für städtische wie für ländliche Siedlungen verwendbar." „Für diese Menschen wollen wir saubere, anziehende Häuser und kleine Gärten schaffen, die ihnen eine angenehm und nützliche Beschäftigung bieten. Durch die Fürsorge für ihre kleine Ernte lernen sie dabei den Besitzinstinkt, den die

Vorsehung uns allen eingepflanzt hat, in richtigem Maße schätzen. Werden wir damit nicht eines der wichtigsten Probleme der Sozialökonomie zur Zufriedenheit lösen? Werden wir nicht dazu beitragen, die heiligen Bande der Familie zu festigen, und der Arbeiterklasse, die unseres Interesses würdig ist, aber auch der ganzen Gesellschaft einen großen Dienst erweisen?" (Zitat nach Leonardo Benevolo, Die sozialen Ursprünge des modernen Städtebaus. Gütersloh 1971, Bauwelt Fundamente 29, S. 132-134). – „Die Häuser, zu je vier auf einem kreuzförmigen Grundriß in einem Baukörper vereint, bieten im Erdgeschoß einen kombinierten Wohn- und Kochraum, im Dachgeschoß ein Schlafzimmer, dazu einen Keller mit Abortanlage. Zu jedem Haus gehören ein Stall und ein kleiner Garten. Die Anlage umfaßt außer den Wohnbauten ein Badehaus, einen Kindergarten und eine Bücherei" (Ute Peltz-Dreckmann, Nationalsozialistischer Siedlungsbau, Versuch einer Analyse der die Siedlungspolitik bestimmenden Faktoren am Beispiel des Nationalsozialismus. Diss. Bochum, München 1978, S. 26).– Friedrich Engels hat gegen das Mühlhausener Modell polemisiert. „Die Arbeiterstadt in Mühlhausen ist das große Paradepferd der kontinentalen Bourgeois . . . leider ist sie kein Produkt der 'latenten' Assoziation, sondern der offenen Assoziation zwischen dem zweiten französischen Kaisertum und den Elsässer Kapitalisten. Sie war eins von Louis Bonapartes sozialistischen Experimenten, zu denen der Staat 1/3 des Kapitals vorschoß. Sie hat in 14 Jahren (bis 1867) 800 kleine Häuschen nach einem mangelhaften, in England, wo man dies besser versteht, ungewöhnlichen System gebaut, und überläßt dies den Arbeitern gegen monatliche Bezahlung eines erhöhten Mietbetrages nach 13 bis 15 Jahren als Eigentum . . . Die Mietaufschläge für den Ankauf der Häuser sind im Verhältnis zu den englischen ziemlich stark; der Arbeiter erhält z. B. nachdem er 4.500 Franken in fünfzehn Jahren nach und nach eingezahlt hat, ein Haus, das vor 15 Jahren 3.300 Franken wert war. Falls der Arbeiter wegziehen will oder auch nur mit einer einzigen Mietzahlung in Rückstand bleibt (in welchem Fall er herausgesetzt werden kann), berechnet man ihm 6 2/3 Prozent des ursprünglichen Hauswerts als jährliche Miete . . und zahlt ihm den Rest heraus, aber ohne einen Pfennig Zinsen. Daß dabei die Gesellschaft, abgesehen von der 'Staatshilfe', fett werden kann, begreift sich; ebensowohl begreift sich, daß die unter diesen Umständen gelieferten Wohnungen, schon weil vor der Stadt, halb ländlich, angelegt, besser sind als die alten Kasernenwohnungen in der Stadt selbst." (Über die Umwelt der arbeitenden Klasse. Aus den Schriften von Friedrich Engels, ausgewählt von Günter Hillmann. Bauwelt Fundamente 27, Gütersloh 1970).
Spetzler fährt fort: „Wie aus dem Situationsplan ersichtlich, bildet die Anlage eine größere Anzahl paralleler Straßen, welche rechtwinklig von der die Städte Bochum und Essen verbindenden Chaussée abzweigen und durch

Querstraßen verbunden sind, unter welchen namentlich eine mittlere Hauptstraße den direkten Verkehr mit der Stadt vermittelt.
An dieser Hauptverbindungsstraße sollen auch vorzugsweise die größeren für das Allgemeinwohl bestimmten Anlagen errichtet werden, so eine Wasch- und Badeanstalt, eine Kinderbewahranstalt, Geschäftslokale des Konsumwesens u. dgl. mehr."
Die unten aufgeführte Publikation ergänzt: „soll inmitten der Kolonie Stahlhausen . . . eine Kleinkinderbewahranstalt bzw. ein schon im Aufbau begriffener Kindergarten errichtet werden, auf jeder Seite mit einem geräumigen Spielplatz versehen . . . Mit diesem Kindergarten wird eine Schule für weibliche Handarbeiten für Mädchen im Alter von 14-17 Jahren verbunden, um diese für den Hausstand . . . vorzubereiten . . . Das Gebäude enthält im Erdgeschoß zwei große Räume A und B für den Kindergarten, einen Raum C für die Näh- und Strickschule, ein daran stoßendes Zimmer für die Lehrerinnen und neben dem Flur die Aborts-Anlage. Das obere Geschoß enthält über den beiden Sälen A und B eine Wohnung für eine kleine Familie nebst Trockenboden, sowie je zwei Zimmer für die Lehrerinnen in dem anstoßenden Flügel. Die angeführten Erweiterungsbauten der Kolonie sind nach den Plänen und unter Leitung unseres Baubeamten A. Sartorius ausgeführt".
Wiederum Spetzler: „Am östlichen Teile der Kolonie, zunächst der Fabrik und Stadt und größtentheils an die oben genannte Hauptstraße anschließend ist das große Kost- und Logirhaus für die unverheirateten Arbeiter des Bochumer Vereins erbaut. Nach demnächst erfolgtem vollständigen Ausbau der Colonie wird dieser Bau die Gesammtanlage dominieren".
„Nachdem in der Mitte der sechziger Jahre mit dem Baue von Familienhäusern in der Colonie Stahlhausen begonnen und das notwendigste Bedürfnis befriedigt war, mußte die nächste Fürsorge sich dem Unterkommen lediger Arbeiter zuwenden. . . .
(So) wurde 1872 der Beschluß gefaßt, in ausreichender Weise durch einen mit der Colonie Stahlhausen im mittelbaren Zusammenhang stehenden Neubau für die Unterkunft auch der unverheirateten Arbeiter Sorge zu tragen. (Vollendet 1874) . . . Zunächst war zu entscheiden, ob das in mancher Beziehung für die Unterbringung vieler Leute vorteilhafte Barackensystem, welches namentlich hinsichtlich der Lufterneuerung leichter ausführbar erschien, oder ob das Kasernensystem zu wählen sei. Man entschied sich nach reiflicher Überlegung für das Letztere, weil die Beschäftigung der Bewohner in verschiedenen von einander getrennten Werkstätten, der Wechsel zwischen Tages- und Nachtarbeit, endlich die verschiedene Landsmannschaft die Leute nur widerwillig zu einer größeren Wohngemeinschaft übergehen läßt, dieselben es vielmehr bedeutend vorziehen, sich in kleineren Gruppen kameradschaftlich zu vereinigen. Nach Erledigung dieser Vorfrage

war der maßgebende Grundgedanke für die Errichtung des Gebäudes folgender: Das Kost- und Logirhaus hatte den doppelten Zweck zu erfüllen, den ledigen Arbeitern einerseits getrennte, gesunde und billige Schlafstellen zu schaffen und ihnen andererseits gemeinsame, geräumige und freundliche Aufenthaltsorte während der Mahlzeiten und Freistunden zu bieten. Zur Aufrechthaltung der Ordnung und um Collisionen mit dem weiblichen Wirtschaftspersonal zu verhüten, mußte eine strenge Scheidung zwischen den für die Bewohner bestimmten Räumen und zwischen den Wirthschaftsräumen stattfinden.

A. Das Vordergebäude. Das eigentliche Logirhaus umfaßt in 4 Stockwerken ca. 150 größtentheils gleich große Stuben für je 2, 4, 8, 10 od. 12 Mann. Durch die Einrichtung dieser kleinen Gruppen können die Nacht- und Tagesarbeiter einzelner Werkstätten zusammenquartieren, ohne von den zu anderen Zeiten arbeitenden Kameraden gestört zu werden. Auch der Verwaltung wird die Controlle und Beaufsichtigung dieser kleinen Colonnen namentlich bei etwaigen Ruhestörungen erleichtert...Das Logirhaus kann im Ganzen ca. 1500 Mann aufnehmen und ist die größte Zahl der Zimmer auf eine Normalbelegung mit 8 Mann eingerichtet, doch kann sie auf 10 Mann erhöht werden. Außerdem ist eine größere Zahl Zimmer für 2 und 4 Leute vorhanden und für besondere Fälle einige Räume für etwa 20 Mann. Nachdem die Haupträume des Logirhauses hiernach festgelegt waren, mußte zunächst den sanitären Ansprüchen Genüge geschehen, ohne jedoch die ökonomische Seite zu vernachlässigen. Die Größe der Zimmer wurde mit Rücksicht hierauf der Art von mir bemessen, daß bei der stärksten Belegung z. B. mit 10 Mann in den Normalstuben 10-12 cbm Raum pro Mann vorhanden sind." Die unten aufgeführte Publikation ergänzt: „Der kubische Inhalt jedes dieser Zimmer beträgt etwa 120 cbm, somit, da durch den Wechsel der Tages- und Nachtarbeit immer nur 4 Betten gleichzeitig belegt sind, pro Bett ca. 30 cbm Raum". Spetzler fährt fort:

„Durch angemessene Plangestaltung mußte ferner dafür Sorge getragen werden, daß den Räumen jederzeit genügend frische Luft zugeführt werden konnte. Ich wählte deshalb auch anstatt der ökonomisch vorteilhafteren Anlage mit Mittelcorridoren die Grundrißform seitlicher nach dem Hof zu gelegender Corridore, an die sich die Stuben reihenweise anschließen. In den Stockwerken des Logirhauses befindet sich außer den Logirzimmern nur noch im Mittelbau des 2. Stockwerkes die Wohnung des Inspektors mit den Leinenzimmern u. dgl. Von der Anlage der Waschzimmer im Logirhause selbst ist Abstand genommen und sind dieselben mit der Menage verbunden, weil durch diese Räume einmal viel Schmutz und Nässe in das Logirhaus gebracht werden würde, dann aber auch weil die Leute zum Waschen warmen Wassers bedürfen und dies nur mit großen Schwierigkeiten in Waschstuben im Logirhause hergestellt werden könnte. Auch ist es für die Leute weit bequemer, die Waschstuben nahe der Menage und dem Hof zu haben, da sie von der Arbeit kommend, meist direkt zum Essen gehen und sich vorher noch leicht waschen können, ohne mehrere Treppen ersteigen zu müssen.

Zur Vervollständigung der Beschreibung des Logirhauses ist nur noch eine Mittheilung über das Mobilar eines Zimmers erforderlich. Dasselbe besteht aus schmiedeeisernen Bettstellen, zu deren jeder ein Strohsack, ein mit Seegras gefülltes Kopfkissen, ein halbleinenes Bettuch und je nach Bedarf 1-3 wollene Decken gehören. Jeder Bewohner erhält ferner einen gut verschließbaren, einfach konstruierten, festen, zur Aufbewahrung von Kleidungsstücken, Wäsche etc. eingerichteten Schrank, sowie einen derben Holzstuhl und ein Handtuch.

Über den Betten ist eine Anzahl Kleiderhaken angebracht und befindet sich in jedem Zimmer ein der Zahl der Bewohner angepaßter Tisch. Lampen halten die Bewohner eines Zimmers sich gemeinschaftlich. Die Wände sind 2 1/2 m hoch mit einem zementartig erhärtenden Mörtel aus hydraulischem Kalk- und Hochofensand glatt verputzt und sind Wände und Decken in hellfarbigen Tönen einfach gestrichen; der Fußboden ist geölt... An den Enden jeden Corridors befinden sich je 8 Nachtclosets und Pissoirs mit Wasserspülung, sowie 2 Feuerhähne. im Souterrain des Logirhauses liegen zwei Restaurationen, die von der Straße aus Jedermann zugänglich sind und von dem Consumwesen des Bochumer Vereins bewirthschaftet werden.

Der Hauptzugang zum Logirhause und gleichzeitig zur Menage enthält das Geschäftszimmer des Inspektors, den Melderaum, ferner eine Polizei- und Feuerwache und endlich eine Verkaufsstelle des Consumwesens.

Das Hintergebäude, das eigentliche Kosthaus (die sog. Menage) ist durch den Hofraum des Logirhauses von diesem getrennt und seitlich durch Palisaden von diesem abgeschlossen. Das Kosthaus enthält einen großen Speisesaal für 1000 Mann mit den davorliegenden Waschstuben, der Dampfkochküche und den zugehörigen Wirtschaftsräumen... Die allgemeine Einrichtung der Waschstuben erhellt aus dem Grundrisse. Jede derselben hat Ofenheizung und enthält in langen Tischen die Waschbecken. Diese Waschbecken sind in die Tische fest eingelassen und werden aus der Wasserleitung mit kaltem Wasser gespeist, während das warme Wasser aus der an der Rückwand des Raumes liegenden Leitung entnommen wird.

Der Speisesaal dient außer seiner Hauptbestimmung auch noch dem gesammten Arbeiterstamm des Bochumer Vereins zur Abhaltung von gemeinsamen Festen, Bällen, Konzerten, Vorträgen u.dgl. Auf der Tribüne desselben ist ein Orchestrion aufgestellt.

An den Speisesaal schließt sich unmittelbar die gewölbte Kochküche mit den Schaltern zur Ausgabe des Essens an. Das Kochen geschieht durch

Dampf, und werden die beim Kochen entstehenden Dämpfe, wie vorher erwähnt, durch einen Exhaustor abgesogen. Mit der Küche stehen in Verbindung die Spül- und Schälküche, die kleine Küche, die Vorratsräume mit Milchkeller und über diesen die Wohnungen der Haushälterin und des weiblichen Dienstpersonals.

Seitwärts von diesen beiden Hauptgebäuden liegt: Das Nebengebäude, welches die durch Dampf betriebene Wäscherei, die Dampfmaschine und die Kessel enthält, sowie ferner die Stallungen für Schweine, Geflügel u. s. w. Da die Abfälle der Menage bedeutend sind und gute Weiden zur Disposition stehen, ist neuerdings noch ein größerer Stall für 16 Kühe erbaut und auf Wunsch der hiesigen Ärzte eine Muster-Milchwirtschaft nebst Molkerei unter ärztlicher Controle errichtet.

Die 1 1/2 stöckigen massiven Familienhäuser der Colonie Stahlhausen für je 4 Familien. Diese in zweifacher Anordnung (System A und B) hergestellten Bauten schließen sich unter den verschiedenen zur Ausführung gelangten Systemen den Mühlhauser Anlagen im Allgemeinen noch am Meisten an, sie weichen jedoch von diesem Vorbilde in einigen Punkten wesentlich ab, weil jene Bauten hierorts kostspielig gewesen wären, anderseits durch die Verschiedenheit der Bedürfnisse eine verschiedenartige Anordnung geboten wurde.

Die vollständige Raumausnutzung war, wie für alle unsere Bauten, auch für diese Häuser eine wesentliche Bedingung".

Die unten genannte Publikation ergänzt: „Für die Erweiterung ... ist ein neues Projekt aufgestellt worden, nach welchem jede Wohnung einen Meter Mehr-Breite erhält. Das Zimmer des Erdgeschosses, welches der Familie als Haupt-Aufenthaltsort dient, wird durch 60 cm Mehr-Breite wesentlich vergrößert, ebenso die übrigen Räume. Nach diesem Projekt sind inzwischen zehn Häuser gebaut. Um den Bedürfnissen etwas größerer Wohnungen zu entsprechen ist in anderen Häusern zwischen die Ställe noch eine Kammer geschoben (Modell B, No 1) unter übrigens gleicher Einrichtung, so daß ein solches Haus 2 Wohnungen zu je 3 und 2 Wohnungen zu je 4 Wohnräumen excl. der Nebenräume enthielt".

Das Gebäude (System A) ist 1 1/2 stöckig und enthält 2 Wohnungen mit je 3 Wohnräumen und 2 Wohnungen mit je 4 Wohnräumen, außerdem den Treppenflur, welcher gleichzeitig als Küche dienen kann, Keller, Stallung, Abtritt und kleinen Bodenraum. Von den Wohnräumen dient einer als Wohnzimmer, die anderen als Schlafzimmer oder je nach Umständen zur Aufnahme von Kostgängern. Die Treppe, welche dem vorhandenen Bedürfnis vollkommen entspricht, ist auf einen möglichst kleinen Raum beschränkt. Der Flur, welcher bei gleichzeitiger Benutzung durch mehrere Familien nur als Passage und zur Aufnahme der Treppe dienen kann, sonst aber verloren geht, ist hier als Küche sehr wohl zu benutzen. Zwischen die

dem Hause angebauten Ställe ist bei je 2 Wohnungen noch eine Kammer eingeschoben. Da die Bedürfnisse der hiesigen Arbeiter zum Theil noch zu gering sind, als daß sie eine der vorstehend beschriebenen Wohnungen zweckmäßig benutzen könnten, namentlich wenn die Familie nur klein ist und eine Aufnahme von Kostgängern nicht convenirt, so sind andere Wohnungen nach dem . . . System B errichtet. Diese Wohnungen sind mit nur je 2 Wohnräumen und ohne besonderen Küchenraum eingerichtet und entsprechen den Bedürfnissen vollständig. Der Flur ist in diesen Häusern auf das geringst mögliche Maß beschränkt und die Treppe, welche zu dem im Halbgeschosse befindliche Schlafzimmer führt, verbindet das letztere direkt mit dem Wohnzimmer. Der Treppenantritt erfolgt vom Wohnzimmer aus und ist durch eine Tür geschlossen. . . . Um auch die kleineren Räume zwischen den Treppenarmen nicht verloren zu geben, sind die Treppenverschläge zu Schränken eingerichtet, wie aus den Plänen ersichtlich ist. Wie bereits früher erwähnt wurde, steht das Prinzip des Alleinwohnens im geraden Gegensatz zu der zweitwesentlichsten Forderung möglichst billiger Anlagekosten. Diese ökonomische Rücksicht führte zu verschiedenen Systemen von Wohnhäusern für mehr als 4 Familien, so zunächst zu Häusern für 8 Familien, von denen 4 im Erdgeschoß mit je getrenntem Eingang wohnen und 4 im oberen Geschoß mit ebenfalls getrennten Eingängen, welche durch freiliegende Treppen zugängig sind. Das in unseren Colonien am Weitesten gehende System dieser Richtung ist durch das . . . Wohnhaus für je 12 Familien vertreten. Obwohl hier 6 Familien auf ein Treppenhaus angewiesen sind, ist doch jede aus Wohnzimmer, Kammer und Küche bestehende Wohnung für sich abgeschlossen. Auch gehört zu jeder Wohnung ein kleiner Garten. Die hohen Baukosten der Erbauungsjahre von 1872 an haben vorzugsweise die Ausführung dieses Systems bedingt und hat sich dasselbe auch für den der Stadt zunächst gelegene Theil der Colonie Stahlhausen bewährt, weil ein Teil der Arbeiter Stallungen nicht beansprucht, da ihnen durch die Consumanstalten und durch die Nähe der Stadt der Ankauf aller Lebensbedürfnisse sehr erleichtert ist. Für die entfernter gelegenen Colonien wird jedoch bei den weiteren Bauten stets die Isolierung jeder einzelnen mit Stall und Garten versehenen Wohnung festgehalten und zwar nach den verschiedenen Systemen, als 4, 6 oder 8 Familienhäuser".
(Der Text stimmt weitgehend überein mit: Die Arbeiterwohnungen des Bochumer Vereins für Bergbau und Gußstahlfabrikation zu Bochum in Westfalen, Berlin 1883)

Einen ganz anderen Typus repräsentiert die Siedlung Dahlhausen in Bochum-Hordel. „1890 kaufte Krupp das Gelände des Gutes Dahlhausen, ca. 125 ha. Ackerland und Eichenwald. 1907 erst begann die Errichtung der hier vorgesehenen Kolonie mit 715 Arbeiter- und Beamtenwohnungen . . .

1915 wurden die Arbeiten abgeschlossen" (Josef Paul Kleihues und Erika Spiegeler. Helmut Bönninghausen, Planungsbeispiel Siedlung Dahlhauser Heide, Bochum 1978)

Den Entwurf schuf der aus Wittenberg stammende Kruppsche Chefarchitekt Robert Schmohl, der bereits 1903 in Duisburg in der Siedlung Rheinhausen Gedanken der englischen Gartenstadt-Bewegung aufgenommen hatte, er hat sie dann 1909 in der Beisenkamp-Siedlung der Kruppschen Zeche Emscher-Lippe entfaltet. 1909-1912 arbeitete Schmohl unter Metzendorf an der Essener Margarethenhöhe mit. (Mitbegründer der Ruhrländischen Architekten- und Ingenieurvereins. Direktorenwohnhäuser, Krupphotel Essener Hof.)

Die Siedlung Dahlhauser Heide war für die Bergleute der Kruppschen Zechen Hannover und Hannibal bestimmt, „Die Siedlung ist auf einem nach Norden hin abfallenden Gelände erbaut. Der Höhenunterschied im Verlauf der Heide- und Berthastraße beträgt 23 Meter auf eine Länge von etwa 730 Metern zwischen der südlichen und nördlichen Siedlungszufahrt. Ganz offensichtlich hat der Verlauf der Höhenlinien die Planung des Siedlungsgrundrisses (Straßenverlauf und Gebäudeverteilung) in starkem Maße beeinflußt. So konzentriert sich der zentrale Siedlungsbereich mit den mehrgeschossigen Beamtenhäusern im Gebiet der geringsten Steigerung (Heidestr./ Geitlingstr.). Die Bebauung des östlichen, nördlichen und auch westlichen Randbereichs entspricht sehr deutlich dem sich hier verdichtenden Verlauf der Höhenlinien" (Kleihues S. 64). Angewandt auf die Margarethenhöhe hatte Georg Merzendorf geschrieben: „Eine solche Anordnung der Straßenzüge war notwendig, da große Erdbewegungen vermieden werden mußten, um die Straßenbaukosten niedrig zu halten. Zudem schafft sie architektonisch interessante Straßenbilder." (Georg Metzendorf, in: A. E. Brinckmann, Margarethe Krupp-Stiftung für Wohnungsfürsorge. Margarethenhöhe bei Essen, Darmstadt 1913).

„Im Mittelpunkt der Siedlung wurde der alte Park beibehalten. An seine Eckpunkte, wo sich verschiedene Straßenzüge begegnen, sind die orientierenden mehrgeschossigen Monumentalakzente verlegt, die Bierhalle mit geräumigem Versammlungssaal und großem Garten, eine katholische und evangelische Kleinkinderschule mit Koch- und Haushaltungsschule. . . . Der von alten Bäumen bestandene Garten mit dem Erbbegräbnis des früheren Hofbesitzers an der Berthastraße verlangt gegenüber nach einem Ausgleich. Hier ist, geschützt vom Durchgangsverkehr, ein fünfeckiger Kinderspielplatz angelegt, eingefaßt von zweiundeinhalbstöckigen Wohnbauten, während die übrigen nur einundhalbgeschossig sind" (Richard Klapheck, Siedlungswerk Krupp, Berlin 1930). „Durch enges Aneinanderrücken der einzelnen Blöcke wird der Eindruck geschlossener Platzwände erzielt, der durch Pfeiler betonte Zugang an der Berthastraße und der mit mächtigen

Bogen überwölbte Durchgang zur Kreftenscheerstraße betonen die Abgeschlossenheit dieses Bezirks nach außen. Die Hausfassaden sind zum Hof orientiert: man ist unter sich . . . Die Wohnungen haben keine Gärten. Platanenallee und gepflegte Wohngärten ohne Umzäunung . . . Der Status der Gruppe wird also durch Art und Größe des Hauses, seine Dekoration und architektonische Zuordnung durch Größe der Wohnung und besondere Lage hervorgehoben" (Kleihues, S. 14). Es handelt sich um 2 1/2 geschossige Beamtenhäuser. „Es sind schlichte verputzte Häuser mit Walmdach, belebt durch giebelbekrönte Dachgaupen und betonten, leicht aus der Mauerflucht vortretenden und mit Giebeln die Traufe durchstoßenden Treppenhäusern. Nur diese Treppenhäuser wahren mit an Rustikamauerwerk erinnernden Putzquadern als Eckbetonung und auf sitzenden, zum Giebel vermittelnden Voluten noch Reminiszenzen an die mit dem Formenschatz der Baugeschichte betrachtete Architektur des bürgerlichen städtischen Mietbaus" (Kleihues).

Nach Auffassung Klaphecks hat die Siedlung ‚‚aus der Landschaft heraus einen eigenen Charakter erhalten. Mit städtischer Nachbarschaft ist auf viele Jahre nicht zu rechnen, da das Gelände der Umgebung ebenfalls von der Firma Krupp erworben wurde. Der ländliche Bergarbeiter pflegt einen Gemüse- und Kartoffelgarten zu haben, der in der Siedlung auch reichlich bemessen ist, um Ziege oder Schwein großzuziehen. Jede der Vierzimmerwohnungen erhält einen Stall. Vorbild für den Außenbau ist das altwestfälische Bauernhaus . . . Der Stall, früher hinter dem Haus gelegen, wird zu einem wirkungsvollen Motiv im Straßenzug verwandt. Er verbindet die benachbarten Häuser, schützt die hinter ihm liegenden Gärten und schließt die Häuserzeilen . . . Reiche Fachwerkgliederungen haben nur die orientierenden Eckhäuser erhalten".

„Insgesamt gibt es etwa 45 verschiedene Typenvarianten, die zum Teil noch zusätzlich durch verschiedene äußere Erscheinungsformen sich unterscheiden (wie z. B. Fachwerk, Verbretterung, Verschindelung, mit und ohne Putz usw.), die eben im Prinzip – soweit es die Zweifamilienhäuser betrifft – innen auf dasselbe Organisationsschema zurückgehen. Wohnküche und Wohnzimmer im Erdgeschoß, zwei Schlafzimmer im Obergeschoß" (Kleihues, S. 106).

Der Architekturhistoriker A. E. Brinckmann (Neuere Kruppsche Arbeitersiedlungen, in: Moderne Bauformen 11, 1912, S. 301 ff) beschreibt schon 1912 den sich hier anbahnenden Wandel." . . .Friedrich Krupp begann das große Werk . . . Friedrich Alfred Krupp . . . setzte es in den neunziger Jahren fort. Der ältere Alfreds- und Altenhof, der Friedrichshof und die Zeche Hannover entstanden. In ihrer Erscheinung machte sich ein starker Gegensatz zu der früheren Bauweise geltend. Man strebte nach Reichtum und Individualisierung der einzelnen Häuschen, ohne doch schon die Kraft zu haben,

ihre Summe, die ganze Kolonie, als einen einheitlichen Organismus zu empfinden. Es ist die romantische Epoche oder die Epoche der Motive im Kruppschen Kleinwohnungswesen, je nachdem man ihre innerliche Gefühlsgesinnung oder äußere Formkraft bezeichnen will, und die wir ebenso in der großen Architektur wie im modernen Stadtbau erleben mußten. Den Wendepunkt bezeichnet die Erbauung des Margarethenhofs bei Düsseldorf 1903. Statt zu individualisieren, suchte man, ohne zu schematisieren, Gemeinsamkeiten in den einzelnen Häusern durch Form und Material auszudrücken. So tritt der früher bevorzugte abwechslungsreichere Fachwerkbau... zugunsten des Putzbaus zurück. Die Dächer werden schlichter, die Hausmasse wird auf möglichst einfache Raumformen gebracht... Das beruhigte Einzelhaus bekommt nun eine Aufgabe, man baut ihm eine Formation höherer Ordnung, die Siedlung. Und hier muß hervorgehoben werden, wie es nie das malerische Bild ist, von dem ausgegangen wird, sondern das Gefühl für die Körperlichkeit der Häusergruppe, für das Raumvolumen einer Straße, eines Platzes. Nur als Begleiterscheinung des Tektonischen tritt das Malerische auf... Die 1907 begonnenen Kolonien, der neue Alfreds- und Altenhof... vor allem die beiden schönen Zechen Dahlhauser Heide bei Bochum und Emscher-Lippe bei Recklinghausen... bringen die reife Entwicklung der Gedanken, die im Margarethenhof zuerst sich geltend machte. Die Einheitlichkeit ihrer Erscheinung, die Bindung des Ganzen wirke zwingend bei aller Freiheit des Einzelnen, da sie wie ein Organismus entwickelt sind, indem das Einzelne sich auf das Ganze bezieht, das Ganze jedes Einzelne nützt. Die Zelle ist das Haus. In den Außenkolonien besteht es einschließlich Küche meist aus vier Räumen von durchschnittlich 18 qm, kleinem Stall, Kellerräumen und Dachboden. Das hier am häufigsten verwendete Giebeldoppelhaus mit Schleppdach zu den Ställen hinab, dessen Kosten 2 x 3.800 M betrugen, hat sich als einer der besten Typen erwiesen...
Mittel, die Zelle zur Gruppe zu vereinigen, ist zunächst die Einheitlichkeit des Materials, vor allem der Eindeckung, sind dann die gleichmäßigen Ausmessungen von Fenstern und Türen, die in solcher Massenanfertigung auch eine wirtschaftliche Ersparnis bedeuten. Hier ist befolgt, was alte Stadtbaukunst so eindringlich lehrt.
Kleinere Mittel unterstützen den Zusammenschluß: Durchziehen von Simsen und Trauflinien, rhytmische Wiederholung von Giebeln, gleiche Winkelneigungen der Dachflächen. Geachtet wird darauf, auch bei Gruppierungen über einem Winkel die Massengleichmäßigkeit auszubalancieren, denn nur bedeutende Bauten wie Konsumanstalten, Speisehäuser, Schulen sollen sich herausnehmen und zeichnen sich auch manchmal durch gewähltes Material aus. Das Reihenhaus... kam für die Außenkolonien der größeren Gärten wegen nicht in Betracht. Als Bindungsmittel tritt hier der Stall auf, der nicht mehr nach hinten ein Anhängsel ist, sondern die Flucht zum Nach-

barhaus fortführend eine ästhetische und wirtschaftliche Aufgabe bekommt, indem so die Straße räumlich geschlossen wird und ebenso die in den Blocks liegenden Gärten abgeschlossen und gegen Wind geschützt werden... Das Stallmotiv erlaubt auch, durch wechselnden Fluchten mit der vorderen oder hinteren Hausfassade Straßenkrümmungen zu folgen, ohne die Hauslage zum Licht ständig zu verdrehen, eine Weitung in eine Straßenflucht zu bringen und für Parzellenecken eine günstige Gartenaufteilung zu erzielen. Da der Durchgangsverkehr innerhalb einer Kolonie gering ist, so gehen die Straßenbreiten auf 6 und 5 m zwischen den Vorgärten herab. Der Gewinn ist zur Anlage von Plätzen und Grundflächen benutzt. Straßenbiegungen ergaben sich aus der Form der Grundstücksgrenze und des Gebäudes, manchmal aus dem Wunsch, alte Baumbestände zu erhalten... Würden bei größeren Parkanlagen und Grünfläche wie in Dahlhauser Heide die umgebenden Häuschen nicht mehr gegen die Weite aufkommen können, so ist der Akzent auf einen größeren Bau verschoben, dessen Masse Distanz verträgt... Durchweg sind es einfache, aber kräftig empfundene Formen mit schlichten Profilen. Gern wird mit den Schattenwirkungen von Toröffnungen, in das Haus hineingelegten Türvorplätzen, an größeren Bauten auch mit Loggien und Laubengängen gearbeitet... Mitarbeiter Henning, Leikert, Schneegans, Seiffert..."
Die Absichten der Kruppschen Siedlungspolitik lassen sich mit drei Zitaten des Firmengründers belegen: „Meine Fabrik soll einmal eine große, ganz große Gemeinde werden und zu einer solchen Gemeinde gehören auch Kirche und Schulen." Krupp betont, er wolle Facharbeiter binden und gelernte Handwerker bewahren vor dem Verproletarisieren. „Der Ruf des Etablissements darf nicht verlieren, die Sympathie der Leute darf nicht verwirkt werden, es darf kein Streik hervorgerufen werden." „Wer weiß, ob dann über Jahr und Tag, wenn eine allgemeine Revolte durch das Land gehen wird, im Auflehnen aller Klassen von Arbeitern gegen ihre Arbeitgeber, ob wir nicht die einzigen Verschonten sein werden, wenn wir zeitig noch alles in Gang bringen". (Zit. nach Gerhard Steinhauer, Gartenstadt Margarethenhöhe, 50 Jahre Margarethe-Krupp-Stiftung, Essen 1956, S. 25). Die ländliche Idylle beschreibt Max Halbach, Prokurist der Firma, Anfang der 20er Jahre bei der Gründungsversammlung der Siedlung „Heimaterde" mit unfreiwilliger Komik: „Der Kotten ist unser Ideal! Das bedeutet ein spalierobstumranktes Häuschen in Grün und Sonnenschein; bedeutet Gemüse in Hülle und Fülle mit Schinken, Speck und Würstchen, die kein bares Geld kosten, weil das zu verkaufende Schwein die Auslagen für beide Schweine wieder einbringt; bedeutet Gesundheit, Lebensfreude und Arbeitsfreude; bedeutet Liebe zu Heimat und Vaterland; bedeutet eben auch die Verbindung mit unserem Herrgott droben, von dem das Gedeihen der Scholle abhängt" (Klappheck, S. 149).
Schlardt (S. 109) deutet: „Wohnformen vorindustrieller Zeit werden reproduziert und spiegeln zünftige oder bäuerliche Gemeinschaftsformen, weil sie

die realen Konflikte vergessen machen". „An einer ganzen Reihe von Kruppschen Siedlungen läßt sich die Absicht ablesen, Statussymbole anderer Gesellschaftsschichten auf die Arbeiterwohnungen zu applizieren. Mit solchen Architekturen sollte eine den sozialen Realitäten sich entziehende Umwelt geschaffen werden, auf die sich emotionale Verankerung der Lohnabhängigen im gewünschten Sinne fixieren ließ."

Die ökonomischen Funktionen dieser Orientierung am bäuerlichen Modell sah z. B. Engels (Wohnungsfragen 1887): „Was die Familie auf ihren eigenen Gärtchen und Feldchen erarbeitet, das erlaubt die Konkurrenz dem Kapitalisten vom Preis der Arbeitskraft abzuziehen; die Arbeiter müssen eben jeden Akkordlohn nehmen, weil sie sonst gar nichts erhalten und vom Produkt ihres Landbaus allein nicht leben können".

Ute Peltz-Dreckmann kommentiert solche Anlagen (S. 29): „Diese Wohnform schließt sowohl an die Tradition der hinzugewanderten ländlichen Arbeitskräfte wie auch an die noch bestehende bauliche Situation der vorstädtischen Gebiete an. Der eine solche Wohnung beziehende Arbeiter wird damit in seine gewohnte Umgebung zurückgeführt und erlebt so den Zustand der Beständigkeit — eine der Grundvoraussetzungen zur Stabilisierung bestehender Verhältnisse. Der größte Vorteil dieser Wohnform liegt jedoch in der Abgeschlossenheit der Wohnung, die mit dem Zusammenfallen von Wohnung und Haus im freistehenden Einfamilienhaus am meisten ausgeprägt ist. Diese Abgeschlossenheit der Wohnungen dient in erster Linie der Simulation wohnlicher und darüber hinaus wirtschaftlicher Unabhängigkeit, hinzu kommt eine Isolation der einzelnen Familien, die eine extreme Hinwendung zu sich selbst nach sich zieht. Das so erzeugte Familienleben dient zur Anerkennung und Festigung der bestehenden gesellschaftlichen Situation, da in dem damaligen hierarchischen Prinzip des Familienaufbaus der bestehende gesellschaftliche Aufbau wiederkehrt. Durch das Reduzieren der Freizeitmöglichkeiten auf den familiären Raum, wird gleichzeitig die Möglichkeit der Zusammenschließung der Arbeiter zu Interessengemeinschaften gegen den Arbeitgeber eingeschränkt, da die wohnlich bedingte starke familiäre Bezogenheit der arbeitsfreien Zeit die Interessen in die familiäre Sphäre rückt".

(Vgl. Stadt Bochum, Bergarbeitersiedlung Dahlhauser Heide. Planungsamt Abteilung Stadtentwicklung. a) Ein Beitrag zur Denkmalpflege 1974 b) Sanierung eines Baudenkmals 1975 c) Vorbereitende Untersuchungen nach § 4 Städtebauförderungsgesetz 1976 d) Erneuerung und Eigentumsbildung 1980).

1
Bochum-Stahlhausen, Logirhaus

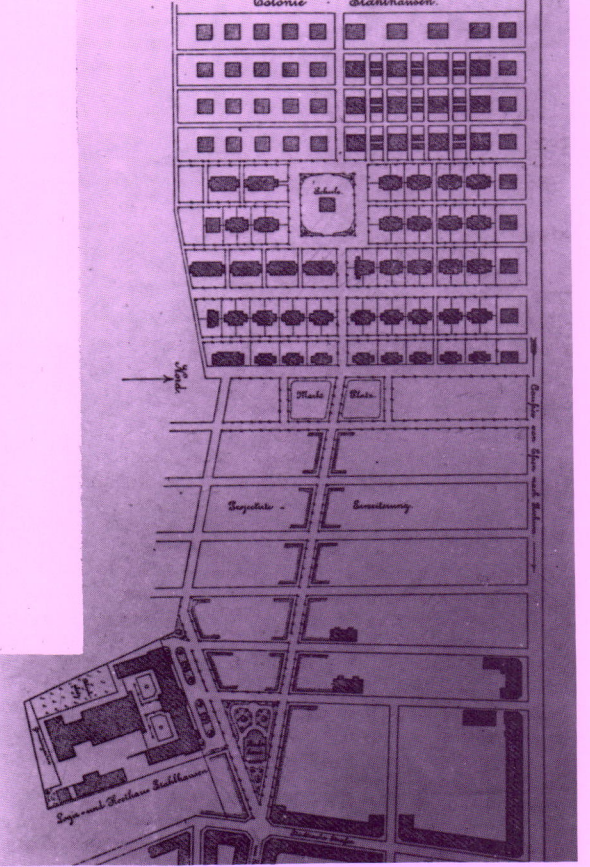

2
Bochum-Stahlhausen, Bebauungsplan

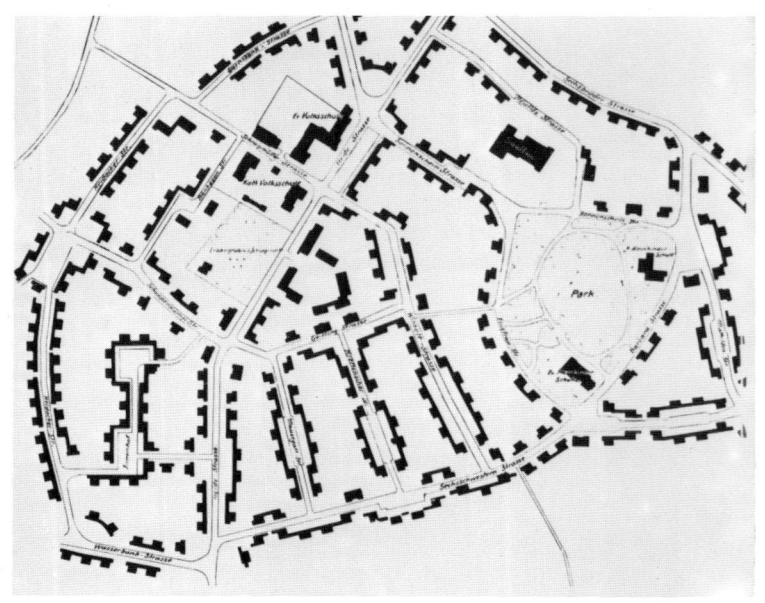

3

*Bochum-Hordel,
Siedlung Dahlhausen*

II. Die Bergschule.

Die Ausschreibung für die Bergschule sah vor (Deutsche Konkurrenzen 1897, Bd. 7, Nr. 75, H. 3, S. 4-31): „Als Bauplatz ist ein ca. 1,50 Hektar großes Grundstück an der Hernerstraße zu Bochum bestimmt . . . Das Gebäude ist im wesentlichen dreigeschossig (Erdgeschoß und zwei Stockwerke) zu projektieren. Die Kosten des Gebäudes ausschließlich der Heiz- und Ventilationsanlage dürfen 550 000 DM nicht überschreiten".
„Das Preisgericht haben übernommen die Herren: Baurat Stübben in Köln als Vorsitzender, Professor Frentzen in Aachen, Architekt Professor Stiller in Düsseldorf, Baumeister Schwenger in Bochum, Bergrat Erdmann in Witten, Bergrat Dr. Schultz in Bochum.
An Preisen ist der Betrag von 10 000 Mk. zur Verfügung gestellt und zwar: für einen ersten Preis 5000 Mk., für einen zweiten Preis 3000 Mk. und für einen dritten Preis 2000 Mk.
Rechtzeitig eingelaufen sind 61 Wettbewerb-Entwürfe, welche in Bezug auf die Erfüllung der Programm-Vorschriften durch Herrn Baumeister Schwenger vorgeprüft und sämtlich als den Bedingungen der Ausschreibung entsprechend befunden worden sind. Ein Entwurf mit dem Motto ;;Glück auf 97" ist am 25. Januar des Js. zur Post gegeben und am 27. Januar eingegangen und deshalb nicht zur Konkurrenz zugelassen.
Neben mehreren gänzlich unreifen Arbeiten mußte eine weitere Anzahl von Entwürfen wegen erheblicher Grundrißmängel oder unzureichender Architektur zurückgelegt werden, sodaß folgende 16 im großen und ganzen lobenswerte Arbeiten zur engeren Beurteilung übrig blieben.
No. 3 „Quintessenz", No. 5 „Dem Bergbau", No. 7 „Würfel" (gezeichnet), No. 12 „Simplicitas ars vera", No. 15 „Sparsam", No. 22 „P", No. 23 „Kreis mit Kreuz" (gezeichnet), No. 26 „Glück auf IV", No. 27 „Berggeist", No. 28 „Proteus", No. 44 „Auf roter Erde", No. 46 „Der Berggewerkschaft", No. 50 „Eule", No. 52 „Nordlicht", No. 56 „Glück auf Bochum 1897", Nr. 58 „M".
Eine zweite eingehende Besprechung dieser 16 Entwürfe hatte zur Folge, daß noch 11 Arbeiten ausgeschieden wurden.
Somit bleiben noch 5 Entwürfe zur engsten Wahl übrig, nämlich: No. 3 „Quintessenz", No. 7 „Würfel", No. 15 „Sparsam", No. 22 „P" und No. 44 „Auf roter Erde".
Der Entwurf No. 3 zeigt eine nach der Tiefe des Grundstücks sich erstrecken-de knappe Grundrißgestaltung in Form eines ⊥, dessen Querbalken die Straßenfront einnimmt, mit zweckmäßiger Hallenbildung, guter Treppenanordnung und geringem Raumverbrauch für Korridore. Alle Lehr-, Sammlungs- und Geschäftsräume sind passend angeordnet. Die Architektur zeigt große Gewandtheit und Formensicherheit. Die eng aneinanderstehenden drei glei-

chen Giebel des Mittelrisalits können jedoch als eine glückliche Lösung des Aufbaues nicht betrachtet werden.

Entwurf No. 7 zeigt die Anordnung von Mittelkorridoren, welche durch Vermittlung der zu schmalen langgestreckten Sammlungsräume indirekt beleuchtet werden. Vorhalle und Treppe sind zu rühmen; auch im übrigen sind die Grundrisse wegen Klarheit und Einfachheit lobenswert. Bei der mit großer Fertigkeit bearbeitenden Fassade, welche drei gleiche Giebel aufweist, wird ein vorherrschendes Hauptmotiv vermißt.

Die Grundrisse des Entwurfs No. 15 mit dem Motto: „Sparsam" zeigen eine durchaus klare und zweckentsprechende Lösung der Aufgabe. Auch die Fassade entspricht mit ihren weiten Lichtöffnungen und charakteristischen Formen durchaus den an den künstlerischen Ausdruck des Gebäudes zu stellenden Anforderungen. Zu wünschen wäre eine andere Gestaltung der zu schlichten Umrahmungen der Erdgeschoßfenster.

Auch der Entwurf No. 22, Motto „I", besitzt eine klare, den Anforderungen entsprechende und der Situation angepaßte Grundrißlösung. Die Fassade ist würdig und angemessen, leidet jedoch an einer großen Einförmigkeit des zurückliegenden, der Straße parallel laufenden südlichen Flügelbaues.

Entwurf No. 44, „Auf roter Erde", ragt hervor durch seine stattliche, mit großer Gewandheit und Sicherheit entworfene und dargestellte Fassade, welche durch die geschickte Gruppierung und Zusammenfassung der Fenster in den verschiedenen Geschossen besonders charakteristisch und in den Maßen glücklich abgewogen erscheint. Die Grundrißgestaltung ist derjenigen des vorhin besprochenen Entwurfs ähnlich, ist jedoch nicht frei von Mängeln. Namentlich sind einige, besser zusammengehörige Räume durch Korridore getrennt.

Nachdem die vorstehend hervorgehobenen Punkte nochmals besprochen und gegen einander abgewogen worden waren, beschloß das Preisgericht einstimmig, den ersten Preis von 5000 Mk. dem Entwurf No. 15 mit dem Kennwort „Sparsam", den zweiten Preis von 3000 Mk. dem Entwurfe No. 44, Motto: „Auf roter Erde", den dritten Preis von 2000 Mk. dem Entwurfe No. 22 mit dem Motto: „P" zuzuerkennen, sowie den Entwurf No. 3 mit dem Kennworte „Quintessenz" zum Ankaufe für den ausgesetzten Betrag von 1000 Mk. zu empfehlen.

Die Eröffnung der Briefumschläge ergab als Verfasser folgende Namen: Erster Preis: Franz Brantzky und Martin Remges, Architekten in Köln; zweiter Preis: Architekten Herm. Wurzbach in Hamburg-Eimsbüttel und Ernst Jacob in Berlin; dritter Preis: Architekten Robert Salzer und Josef Bresser in Aachen.

Der Briefumschlag zu dem für den Ankauf empfohlenen Projekte No. 3 wurde nicht geöffnet, weil es nötig erschien, vorher den Beschluß der Berggewerkschafts-Kasse abzuwarten.

(Desgl. Zentralblatt der Bauverwaltung 17, 1897, S. 68 und S. 72): „hat die Berggewerkschaftskasse auch dem vom Preisgericht zum Ankauf empfohlenen Entwurf „Quintessenz" zum Betrage von 1000 Mark angekauft. Derselbe rührt von den Verfassern des mit dem ersten Preise gekrönten Entwurfes „Sparsam", den Architekten F. Brantzky und M. Remges in Köln her".
Der durch den 1. Preis ausgezeichnete Entwurf „Sparsam" der Herren Franz Brantzky und Martin Remges, Architekten in Köln a. Rh., gelangt durch Herrn Baumeister Schwenger in Bochum zur Ausführung.
Die Architekten Schmidtmann & Klemp polemisieren in den „Konkurrenz-Nachrichten (No. 43, Juli 1897):
„Es ist klar, daß bei solcher Massenfabrikation an eine Durcharbeitung der einzelnen Projekte nicht zu denken ist. Die Verfasser begnügen sich daher, auch bei dem preisgekrönten Projekt, damit, die Hauptfassade zu zeichnen und eine unwichtige Seitenansicht zu skizzieren, während z. B. die Nordfassade, welche sämtliche Schulklassenfenster zeigen mußte, der Beurteilung der Preisrichter entzogen blieb; wenigstens war dieselbe in der Ausstellung nicht vertreten . . .
Daß die Anordnung der Treppenvorhalle das Preisgericht wunschlos gemacht hat, erkennen wir gerne an. Wo die Verfasser sich so großer Anspruchslosigkeit auf die konstruktive und architektonische Durchbildung derselben befleißigt haben, weshalb sollten da die Preisrichter nicht von gleicher Anspruchsloigkeit beseelt sein?
Einige kleinere Fehler, als da sind die Anlage von Fenstern an 2 Wänden der Schulklassen, auch an den Tafelwänden, hat das Preisgericht wohl mit Recht verschwiegen; auch ist über die Disposition der einzelnen Nebengebäude mit Vorbedacht hinweggegangen; denn wenn die Kritik hieran angeknüpft hätte, wäre es wohl nicht möglich gewesen, auch dem Laien verständlich zu machen, daß ein solches Projekt an die erste Stelle gesetzt wurde.
Wir übergehen die beiden anderen Projekte der Verfasser, auch das mit gez. Würfeln, und wenden uns noch zu dem mit dem 3. Preis ausgezeichneten Entwurf »P«. Auf den ersten Blick schien es, als wenn die Preisrichter mit großem Verständnis diese wackere Arbeit herausgesucht hätten. Leider verflog bald die Zufriedenheit; denn beim näheren Nachschauen stellte sich heraus, daß fast keine Wand des einen Geschosses auf diejenige des darunterliegenden gesetzt war; und da bei den Verschiebungen auch einige Fensterachsen im Wege standen, waren auch diese nach Bedürfnis beiseite geschoben. Die jugendlichen Verfasser aus Aachen sollen sich recht sehr über den verdienten Erfolg gefreut haben . . .
Es ist richtig, das Projekt reicht trotz der Geschoßhöhe von 5,10 m, die für Schulzimmer unzweifelhaft als zu hoch zu bezeichnen ist, auf Grund der Rechnung des umbauten Raumes noch aus; also bleibt bei der Reduzierung der Geschoßhöhe auf das richtige Maß ein erhebliches Baukapital übrig.

Aber war es denn die Aufgabe bei der Konkurrenz, weitmöglichst unter der ausgesetzten Bausumme zu bleiben? Möglichst nüchtern den Grundriß zu gestalten, selbst die Treppen so sparsam anzulegen, daß die vorschriftsmäßige Entfernung von der äußersten Schulklasse erheblich überschritten wurde? – Genügten nicht die ausgesetzten 16 Mark pro cbm umbauten Raumes voll und ganz bei dem Fehlen jeglicher Innendekoration zur vollen Ausnutzung des Baukörpers? . . .
Die Gruppierung der einzelnen Räume und der Gebäude in den preisgekrönten Projekten bleibt so auffallend hinter vielen anderen, wirklich durchgearbeiteten Projekten zurück, daß es für Konkurrenz-Teilnehmer vorläufig ein Rätsel bleiben muß, welche Gesichtspunkte die Preisrichter geleitet haben, selbst auch dann, wenn berücksichtigt wird, daß einer der Preisrichter es von vornherein als selbverständlich angesehen hat, daß ihm die weitere Durcharbeitung der Aufgabe zufiele und somit die bedauernswerten Konkurrenten auch hierin in ihren berechtigten Hoffnungen sich getäuscht sehen."
Brantzky und Remges antworteten (S. 142-252):
Der Wert eines Konkurrenz-Projektes liegt lediglich erstens in der mehr oder weniger glücklichen, dem Zweck des jeweiligen Bauwerkes entsprechenden Grundrißdisposition, d. h. in der richtigen Verteilung, Beleuchtung und Zugänglichkeit der Räume, der praktischen Lage der Eingänge, Treppen und Korridore resp. Hallen etc. etc. In zweiter Linie kommt die Architektur, dieselbe soll, abgesehen von jeder Stilrichtung, vor allem den Charakter und Zweck des betreffenden Bauwerkes in befriedigender Weise ausdrücken, so daß schon die äußere Erscheinung über die Bestimmung des Gebäudes keinen Zweifel zuläßt. Den dritten Punkt bildet die Kostenfrage: dieselbe spielt eine Hauptrolle; denn was nützt das beste Projekt, wenn es sich nicht für die vorhandene Bausumme ausführen läßt. Also alles in allem: »Konkurrenzen sollen nichts weiter sein, als durch einfache Darstellung lesbar gemachte Gedanken, wobei alle zeichnerische Durcharbeitung auf das kleinste Maß beschränkt werden kann. Alle Mehrarbeit ist Zeitvergeudung«.
Zu den gerügten Einzelheiten haben wir folgendes zu bemerken: Der Vorwurf des Fehlens der Nordfassade beruht gänzlich auf einer irrtümlichen Auffassung der Herren Schm. & Kl., denn das Programm fordert nur die »erforderlichen« Fassaden, eine Bedingung, der wir durchaus nachgekommen sind, indem wir außer der Hauptfassade die Ansicht nach der Stadtseite, die wir für wichtiger als die nach dem Bahnkörper hielten, »skizzierten«.
Den uns bezüglich der Treppenanlage gemachten Vorwurf weisen wir mit Recht zurück, denn eine Bergschule wird nicht von Kindern, sondern von erwachsenen Leuten im Alter von etwa 20–30 Jahren besucht und ist daher auch von dem Maßstabe der preußischen Normalschule unabhängig. Wir möchten den Herren empfehlen, die Treppenanlagen der Technischen Hochschulen Aachen, Berlin, Braunschweig, München etc. daraufhin zu studieren.

Der Einwurf bezüglich der Disposition der Nebengebäude ist eine leere Redensart, denn im Ausschreiben wurde nur ein Einzeichnen der Nebengebäude in den Lageplan, Maßstab ¹/₅₀₀, ohne irgendwelche grundrißliche wie architektonische Detaillierung verlangt. Freilich hat sich ein großer Teil der Bewerber beirren lassen und von allen Nebenbauten Grundrisse und Ansichten gezeichnet. Es würde uns freuen, wenn die Herren ihrer unbedachten Behauptung den nötigen Beweis folgen ließen.
Daß wir billiger gebaut haben, als die ausgeschriebene Summe beträgt, ist doch wohl nicht als Vorwurf, sondern als ein Kompliment der Herren Sch. & Kl. aufzufassen, denn welcher Bauherr wäre nicht damit einverstanden, wenn sein Geldbeutel bei Befriedigung aller Ansprüche geschont wird?

(Konkurrenz-Nachrichten, 4, Leipzig 1897, S. 242-245)
„...es handelt sich wiederum um eine unsymmetrische Zweiflügelanlage, aber nun ist auch der Hauptbau nicht mehr axial bestimmt. Die Flucht Portal-Halle-Treppenhaus klassizistischer Tradition ist aufgegeben. Eingangsrichtung und Treppenläufe stoßen im Angelpunkt der beiden Flügel rechtwinklig aufeinander. Es entsteht ein Verteilungsraum für die Richtungsströme, dessen eigenes Gewicht durch den vorgezogenen Trakt mit besonderer Giebelbildung an der Seitenfassade betont wird.... Zeigen sich so in der inneren Organisation weitere Ansätze, die ein Umdenken in Richtung auf funktionale Bewegungsabläufe signalisieren, so liegt beim Außenbau die Betonung nach wie vor auf der repräsentativen Fassade.... Eine großzügige Gruppierung der Saalfenster rechts und der Portalvorbau links setzen ungleichgewichtige Akzente. Der dazwischen gespannte fünffachsige Trakt, in großen Fenstern fast rasterartig aufgeteilt, erhält durch den Dachreiter eine leichte Mittenbetonung, die aber nicht gleichzeitig für den gesammten Bau gilt. Von solchen feinen Spannungen lebt der sonst so strenge Bau.
Der hohe Hausteinsockel mit dem abstützenden schrägen Ansatz, der sich in den Eckquadern bis zum Traufgesims fortsetzt und die Hausteingliederungen geben dem Bau eine sehr solide Festigkeit. Alles ist auf breite Lagerung abgestellt. Die Horizontale wird unmißverständlich betont, am stärksten in dem brüstungsartigen Maßwerkfries zwischen den oberen Geschossen. Nicht die senkrechten Achsen dominieren, sondern die geschoßweise Zusammenfassung gleicher Fensterformen. Die Art, wie sie von unten nach oben gesteigert und bereichert werden, unabhängig von ihrer Funktion, ist vielleicht nicht nur formal-aesthetisch zu erklären, sondern im Zusammenhang mit dem obenliegenden Saal als einem Höhenpunkt der inneren Raumdisposition, dessen Bedeutung damit unterstrichen wird. – Alle Details der Bauplastik sind kräftig, ja fast herb, wie der gerettete Löwe von einem der Giebel zeigt, der im Garten aufgestellt ist. Der Bau ist im zweiten Weltkrieg teilweise zerstört und unverändert wieder aufgebaut worden." (Käthe Men-

ne-Thomé, Franz Brantzky 1871-1945. Ein Kölner Architekt in seiner Zeit. Köln 1980. 17. Veröffentlichung der Abt. Architektur des Kunsthistorischen Instituts der Universität Köln. S. 68).

4
Bochum, Bergschule

5
Franz Brantzky, Entwurf
„Quintessenz"
für Bochum, Bergschule

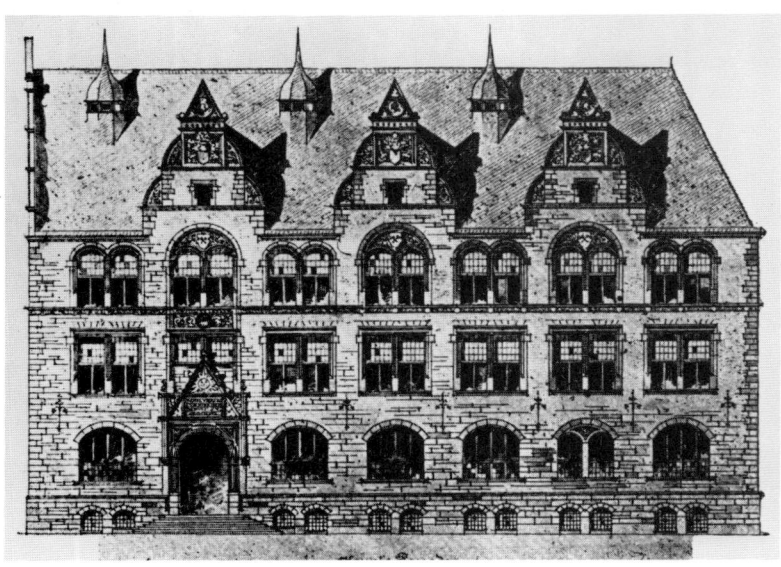

6
*Franz Brantzky, Entwurf
„Würfel"
für Bochum, Bergschule*

III. Das Ehrenfeld.
Knappschaft und Theater

„Das Bochumer Stadtgebiet hatte nach Süden hin eine ungünstige Grenze. Die Gemeinde Wiemelhausen und mit ihr der geschlossene Komplex des Rittergutes Rechen standen einer Ausdehnung der Stadt in südlicher Richtung sehr im Wege.... Die Familie von Schell stand lange Jahre einem Verkauf von Teilen ihres Besitzes ablehnend gegenüber. Ende der 90er Jahre fand sich ein wagemutiger Unternehmer in der Person des Bauunternehmers Clemens Erlemann. Nach langwierigen Verhandlungen verkaufte ihm der General von Schell das Gelände zwischen der Reichsbahnlinie, der Zechenbahn und der heutigen Oskar-Hoffmann-Straße, durch Vertrag vom 28. März 1898...
So entstanden mit Hilfe zweier Bau- und Terraingesellschaften die Straßenzüge und Wohnblocks an der Kronen-, Westfälischen und Jägerstraße. Da das ganze Unternehmen sich gut anließ, versuchte Erlemann nach dem 1902 erfolgten Tode des von Schell mit seinem Sohne Karl, der seine beiden Schwestern mit ihrem Erbteil abfand, weiter in Kaufverhandlungen zu kommen. Diesen etappenweisen Ankauf von Rechen muß man im Auge behalten, wenn heute geklagt wird, daß seinerzeit für die Verbindung der Königsallee mit der Stadt nicht eine glücklichere Lösung gefunden wurde. Der neue Besitzer Karl von Schell hatte Verständnis für die Bedürfnisse der Stadt Bochum und erkannte, daß sich das Festhalten am Gute auf die Dauer nicht durchführen lassen werde. Das Abkommen über die Aufschließung des ganzen Geländes im Rahmen des durch Landmesser Gerbens entworfenen Bebauungsplans wurde noch mit der Gemeinde Wiemelhausen am 16. März 1904 abgeschlossen, da ihr Gemeindevorsteher Wilhelm Schulte-Ostermann den größten Wert auf schnellen Fortgang der Arbeiten legte. Im Februar 1904 begann man mit der Durchlegung der Königsallee.... Für das Baugelände bekundete sich sofort lebhaftes Interesse, zumal Erlemann alles tat, um Baulustige heranzuziehen. So stellte er der Stadt Bochum, die nach Abänderung des eben genannten Abkommens am 26. Januar 1906 ihre Zustimmung zur Aufschließung des Geländes gab, die Bürgersteige der zahlreichen Straßen kostenlos zur Verfügung. Den beiden Kirchengemeinden schenkte er den Grund und Boden für Kirche und Pfarrhaus, wobei er zur Bedingung machte, daß die alten Grabsteine des von Schellschen Erbbegräbnisses in oder bei der zu errichtenden evangelischen Kirche würdig untergebracht würden. Dann setzte er sich mit allem Nachdruck dafür ein, daß das neue Verwaltungsgebäude des Allgemeinen Knappschaftsvereins im Ehrenfeld erbaut würde, und gab hierfür kostenlos das Baugelände her, um zu verhindern, daß diese große Körperschaft von Bochum abwanderte und in

einer der Nachbarstädte, die auch ihre Angebote gemacht hatten, ihr neues Verwaltungsgebäude errichtete. In seiner Vorsorge für die kulturellen Bedürfnisse faßte er den Entschluß, einen Theaterbau auszuführen" (Günter Höfken. Die Geschichte des Hauses Rechen, im Jahrbuch der Vereinigung für Heimatkunde Bochum, S. 1951, S. 53 ff, S. 66-67).

Zu dem Knappschaftsgebäude schreibt Wilhelm Risse (Die geschichtliche Entwicklung der Ruhrknappschaft bis zum Jahre 1952, Denkschrift zum Wiederaufbau des Hauptverwaltungsgebäudes, Bochum 1953, S. 92 ff).

„Schon seit Jahren genügten die Räume des alten Verwaltungsgebäudes an der Viktoriastraße den vermehrten Ansprüchen der Ruhrknappschaft nicht mehr... Der im Jahre 1903 gefaßte Plan, durch Ankauf der Nachbargrundstücke an der Viktoria- und Schillerstraße Platz zu schaffen, mißlang... Der Vorstand entschied sich in der Sitzung am 9. Februar 1904 für das ca. 1335 Quadratruten große Grundstück des Rittergutsbesitzers Freiherrn von Schell, mit dem damals der Bauunternehmer Cl. Erlemann in Bochum wegen Verkaufs und Parzellierung seines Geländes in Unterhandlung stand. Durch letzteren wurde der Knappschaft das Grundstück unentgeltlich übereignet... Die Plangestaltung war sehr wesentlich abhängig von den künftigen Raumbedürfnissen... Nach mehrfachen Beratungen entschloß sich der Vorstand für die Annahme des Vorschlages des Direktors Köhne, ... sämtliche Angelegenheiten eines Mitgliedes durch denselben Beamten bearbeiten zu lassen, die Bearbeitung der Versicherungsangelegenheiten also zu zentralisieren, den ganzen Bereich aber in die notwendig oder praktisch erscheinende Zahl von Abteilungen, diese wieder in Geschäftskreise für die einzelnen Beamten nach der Buchstabenordnung aufzugliedern und die Akten dann entsprechend in alphabetischer Ordnung zu lagern. Unter Berücksichtigung dieses Reformplanes wurde das Bauprogramm aufgestellt und von einem Preisgericht begutachtet, das aus folgenden Herren bestand: Geh. Bergrat Dr. Weidtmann, Bergrat Ludwig, Direktor Köhne, Knappschaftsältester Veuhoff, Geh. Baurat Fr. Schulze, Landesbaurat Zimmermann, Kgl. Baurat Schultz, Stadtbaurat Bluth.

Nach einigen unwesentlichen Änderungen wurde das Programm gutgeheißen und die Unterlagen fünf für die engere Konkurrenz in Ausssicht genommenen Architektenfirmen übersandt. Drei Firmen traten jedoch von dem Wettbewerb zurück, worauf drei weitere Architekten aufgefordert wurden. Das Preisgericht, welches in Berlin zu einer Sitzung zusammentrat, konnte jedoch keinem der Entwürfe den 1. Preis von 3000 Mark zuerkennen und beschloß, ihn zu teilen und je 1500 Mark den Entwürfen des Architekten Schaedtler, Hannover, und der Firma Boswau & Knauer, Berlin, zuzuerkennen. Außerdem erhielt jede an dem Wettbewerb beteiligt gewesene Architektenfirma die in Aussicht gestellte Entschädigung von 2000 Mark. Da keiner der eingereichten Entwürfe von dem Preisrichterkollegium als für die Ausführung reif befunden worden war, außerdem auch noch manche neue Gesichtspunkte hinsichtlich der Größe und Anordnung der Räume berücksichtigt werden sollten, die ohnehin eine Umarbeitung des Projektes der beiden preistragenden Firmen notwendig machten, beschloß der Vorstand am 13. Februar 1907, die weitere Bearbeitung des Entwurfes sowie die Leitung des ganzen Baues einem eigenen, hierfür besonders anzustellenden Baubeamten zu übertragen. Dazu wurde der Kgl. Bauinspektor a. D. Thierbach durch Vorstandsbeschluß vom 14. Mai 1907 ausersehen, der die Geschäfte des zum Teil mit neuen Hilfskräften ausgestatteten Knappschaftsbauamtes am 1. Juni 1907 übernahm. Schon in der Sitzung vom 5. Dezember 1907 fand das von ihm bearbeitete Projekt die Zustimmung des Rechnungsausschusses, der dem Vorstande die Bewilligung einer Bausumme von 3 010 000 Mark vorschlug, die in der Vorstandssitzung am 10. Dezember 1907 auch genehmigt wurde und... nicht überschritten worden ist."

„Nachdem im September 1907 das Bauprojekt in großen Zügen festgelegt war, konnte im März 1908 der erste Spatenstich erfolgen" (Führer durch Bochum 1908, S. 44). „Der Bau ist in 2¼ Jahren erstellt worden... Der Kubikmeter umbauten Raumes stellt sich auf 20,78 Mark" (Thierbach, Das neue Verwaltungsgebäude des Allgemeinen Knappschafts-Vereins zu Bochum, in: Die Bauwelt, Berlin 2. H. 89, 1911, S. 31).

„Das für die Bebauung ausersehene quadratische Gelände wird im Osten von der Pieperstraße, im Westen von der Yorkstraße, im Süden von der Hugo-Schultz-Straße, im Norden von der Weiherstraße umschlossen. Es wurde jedoch nur die östliche Hälfte für den Bau in Anspruch genommen, die westliche Hälfte sollte für etwa später notwendige Erweiterungen in Reserve gehalten werden. Ebenso wurde der nördlich der Weiherstraße gelegene Teil des Geländes vorläufig unbenutzt gelassen. Die Hauptfront des Gebäudes kam an die Pieperstraße. Der Bau wurde aber ca. 18 m von der Straßenflucht zurückgesetzt, um seine Monumentalität gut zur Geltung zu bringen." (Risse).

Interessant ist Thierbachs Selbstkommentar (Das neue Verwaltungsgebäude des Allgemeinen Knappschafts-Vereins zu Bochum, in: Die Bauwelt, Nr. 89, 1911, S. 31 ff.) „Die äußere Erscheinung des Gebäudes vermittelt dem Betrachter die Überzeugung, daß eine machtvolle Organisation hinter diesem Verwaltungsapparat steht, die Anspruch darauf erheben kann, ein sozialpolitischer Faktor unseres Wirtschaftslebens zu sein". „Trotz der Großzügigkeit der Aufgabe und der Auskömmlichkeit der verfügbaren Geldmittel aber mußte sich der Architekt doch stets vor Augen stellen, daß es zum Teil Beiträge aus Arbeiterkreisen seien, aus denen diese Arbeitsstätte des rheinisch-westfälischen Bergbaues zu erbauen sei, und daß das größte Gewicht wohl auf eine gediegene innere und äußere Durchbildung des Gebäudes zu legen, daß aber jeder Aufwand zu vermeiden sei." „Der die Geschäfte leitende

Vorstand setzte sich zur Hälfte aus Werksbesitzern und zur anderen Hälfte aus Arbeitervertretern zusammen. Dieser dualistische Gedanke kommt auch in der Fassade zum Ausdruck: hier Arbeitgeber, hier Arbeitnehmer, als für die Entschließung des Vereins gleichberechtigte Faktoren. Als Sinnbild dieses Gedankens die beiden ragenden Türme, die als Wahrzeichen die emporblühende Stadt überragen. In jedem Turm befinden sich die für die beiden Gruppen bestimmten Beratungszimmer, in der Mitte – gewissermaßen als einigendes Element – der monumental gehaltene in Rüstern- und Eichenholz ausgeführte gemeinsame Sitzungssaal für die Vorstandssitzungen. Darüber in dem ausgebauten Dachgeschoß der Saal für die alljährlich tagende Generalversammlung und über all dem Streit und Kampf der Parteien steht in unvergänglichem Goldmosaik der alte Bergmannsgruß ‚Glückauf' ".

„Die wuchtige äußere Erscheinung des in der Längsachse 110 m langen Gebäudes wurde dadurch unterstrichen, daß die Vorderansicht des Mittelbaues ganz in Medarder Werkstein gehalten war, auch besonders große Fenster gewählt wurden, während die (50 m langen) Seitenflügel bis zum Erdgeschoß grünen, grob bossierten Dolomit erhielten und hier sonst nur die aufstrebenden Risalite, die Eckrisalite und die Dachbauten, diese mit schweren Gesimsen, in Werkstein ausgeführt wurden. Bei den (46 m hohen) Türmen kam roter Daufenbacher Sandstein zur Verwendung, der in den Brüchen noch so ausgewählt wurde, daß vom Boden bis zur Spitze die rötliche Tönung satter bzw. dunkler wurde. (Die Farbe konstrastierte mit der grünen Kupferpatina der Helme.) Die Hinterfront wurde schlicht und schmucklos gehalten und erhielt nur Terranovaputz. Dem Sitzungssaal an der Vorderfront vorgebaut war ein Altan mit einer bogenförmigen zweiseitigen Anfahrt. Dazwischen lag die breite, zum Portal führende Steintreppe, beiderseits flankiert von zwei Beleuchtungskandelabern, die auch als Fahnenmasten ausgebildet waren und auf ihrer Spitze die bergmännischen Symbole Schlägel und Eisen trugen. Vor der Stirnseite des Altans war in Mosaik der Name der Knappschaft auf goldfarbigem Grunde eingelegt" (Risse 94).

Durchschritt man das Portal, so kam man in das ... in Stuck und Ausmalung reichverzierte Vestibül. Es enthielt an der linken Seite die Pförtnerloge und an der rechten eine gleichgestaltete Nische mit Sitzgelegenheit für Besucher. In die Seitenwände ... waren die Ansichten der Knappschafts-Krankenhäuser Gelsenkirchen und Recklinghausen, ... aus ... brandgemalten Wandplatten eingelegt. Vom Vestibül aus führten eine breite, ganz in hellem Marmor gehaltene Haupttreppe ins Erdgeschoß und zwei Seitenzüge ... ins Untergeschoß. Zu beiden Seiten der Haupttreppe standen ... Bergmannsfiguren ... aus Bronze, die in der Hand als Leuchtkörper ausgebildete Wetterlampen trugen. Geradeaus ging dann die Haupttreppe über das Erdgeschoß hinweg noch bis zur halben Höhe des 1. Obergeschosses und stieß so in den glasüber-

dachten, ... Lichthof des Mittelbaues, um mit Kehrtwendung, zweigeteilt, das 1. Obergeschoß zu erreichen. Vom 1. Obergeschoß führte dann die Haupttreppe in einem einzigen breiten Zuge bis zur halben Höhe des 2. Obergeschosses und teilte sich hier wieder für den Aufstieg in das 2. Obergeschoß. Der Lichthof des Mittelbaues hatte auch als Fußboden eine begehbare Glasdecke erhalten, um Licht für die darunter liegenden Räume durchzulassen. In die Rückwand ... war ... ein von Berkwerksdirektor Dach gestiftetes und von dem Bildhauer Frische, Düsseldorf, in Stein gehauenes Triptychon eingelassen, das in der Mitte einen beim Kohlenabbau tätigen Bergmann, links durch eine einen Bergmann betreuende Krankenschwester die Caritas und rechts einen vor dem Hause im Familienkreise sitzenden Bergmann im Invalidenstande, also in diesen drei Bildern den fürsorglichen Charakter der Knappschaft treffend darstellte. Über dem Triptychon erhob sich ein den ganzen übrigen Teil der Rückwand einnehmendes Buntglasfenster. Vom Lichthof aus gesehen wirkten die beiden marmorverkleideten Podeste der Haupttreppe und die entsprechend gehaltenen seitlichen Abschlüsse wie Emporen und Loggien in einem Theater oder in einer Kirche. Brandgemalte Plattenbilder, ... mit den Ansichten der Lungenheilstätte Beringhausen und des Genesungsheim Volmarstein befanden sich auch zu beiden Seiten des Eingangs zum Sitzungssaal im Flur des 1. Obergeschosses.
Auch der Sitzungssaal und die angrenzenden Beratungszimmer waren würdig und mit erlesenem Geschmack ausgestattet. Die Wände waren mit Edelhölzern verkleidet. Der durch zwei Geschosse gehende, fast kubische Sitzungssaal hatte an der Außenwand Buntglasfenster mit dem westfälischen und rheinischen Wappen, die gegenüberliegende Wand wurde von einem großen dreiteiligen, auch die Haupteingangstür umrahmenden, von Prof. Günther-Naumburg, Berlin, gemalten Bild eingenommen, das im linken Teil das in der Landschaft eingebettete Bergamt Wetter (als erstes die Gründung der Märkischen Knappschaft fördernde Bergamt), in der Mitte eine der zur damaligen Zeit modernsten Zechenanlagen (König Ludwig) und im rechten Teil den ältesten Tiefbauschacht mit maschineller Seilfahrt (den Brockhauser Schacht, der in Stiepel an dem Waldweg Bochum-Weitmar-Blankenstein liegt) darstellte. Im übrigen hatte dieses Bild noch die Besonderheit, daß es in der Farbenstimmung der Natur alle Jahreszeiten vom Frühling bis zum Winter durchlief. In den Seitenwänden des Sitzungssaales waren in Höhe des 2. Obergeschosses, und auch nur von diesem aus zugänglich, Logen für Zeitungsberichterstatter oder sonstige Zuhörer vorgesehen. Zu beiden Seiten dieser Logen, mehr nach den Ecken zu, standen in gleicher Höhe in Nischen die Bronzefiguren König Friedrichs des II. und der drei Kaiser in ungefährer Lebensgröße, zum ehrenden Gedenken daran, daß die Knappschaft Friedrich dem Großen ihre Gründung verdankt und unter der Regierungszeit der drei Kaiser die ersten reichsgesetzlichen Sozialversicherungseinrichtungen entstanden.

An der inneren Längsseite des Sitzungssaales waren auch zwei große, mit buntem Marmor und ornamentierten Messingblechen umkleidete große Zierkamine aufgestellt... Je ein entsprechender Kamin stand auch in den beiden Beratungszimmern. An den Wänden der Beratungszimmer hingen die Photographien der bisherigen Vorsitzenden und Direktoren der Knappschaft sowie besonders verdienter Knappschaftsältester.
Außer der Haupttreppe im Mittelbau befanden sich auch in den beiden Seitenflügeln Treppengeschosse, ebenso auf der Hinterseite hinter dem Mittelbau...
Entlang der Hinterfront des Gebäudes lagen in jedem Geschoß die von der einen Seite bis zur anderen durchgehenden über 100 m langen Säle der Versicherungsabteilungen, neben sich das parallellaufende Aktenmagazin... In der Mitte dieser Säle hatten die Geschäftsführer ihren Arbeitsplatz, die von hier aus die zu ihrer rechten und linken Seite befindlichen Versicherungsabteilungen leicht übersehen konnten".
Den Aktenspeicher „hat die Firma Robert Lipman, Straß. i. E., Wolf Netten und Jacobi, Berlin-Adlershof, ausgeführt. Er stellt eine in sich abgebundene Eisenkonstruktion dar, die bis auf die Grundmauern durchgeführt ist und ihrerseits mit ihren U-Eisenstützen die Deckenträger der Geschoßdecken aufnimmt... Um... den Raum der einzelnen Geschosse in der Höhe bis zum äußersten auszunutzen, durften die Massivdecken der Geschoßdecken in den Aktenspeichern nur geringe Bauhöhe haben... Es ist für die dünnen Massivdecken dieselbe Verbindung von Eisenblech und Betonausfüllung gewählt worden, wie sie von der Firma Lipmann auch beim Bau der Kgl. Bibliothek in Berlin seinerzeit ausgeführt worden ist. Der jetzt ausgebaute Aktenspeicher geht durch vier Geschosse, und jedes Geschoß ist in zwei Halbgeschosse geteilt, deren oberes, durch kleine eiserne Treppen mit dem unteren verbunden, einen Fußboden aus Holzrosten hat. Die Höhe der Halbgeschosse... ist mit 2,20 m so gewählt, daß die Akten aus den obersten Fächern ohne Hilfe von Leitern und Trittgestellen herausgenommen werden können." (Thierbach, Aktenspeicher im neuen Verwaltungsgebäude des Allg. Knappschaftsvereins in Bochum, Zentralblatt der Bauverwaltung 31, 1911, S. 361-362. Vgl. auch: Das neue Verwaltungsgebäude für den Allgemeinen Knappschaftsverein zu Bochum, in Illustrirte Zeitung (Leipzig) Nr. 3497, 7. Juli 1910).

Im Zusammenhang mit der Planung für das Ehrenfeld gründete Clemens Erlemann die Apollo Theatergesellschaft mit einem Kapital von 600.000 Mark. Das „Orpheum" – wie es ursprünglich hieß – wurde auf der spitzwinkligen Restparzelle zwischen der Wasserburg Haus Rechen und der Einmündung der Fürstenstraße in die Königsallee errichtet. „August bis Oktober 1907 wurden die Erd- und Fundierungsarbeiten ausgeführt." (Clemens Massenberg, Zur Eröffnung des Schauspielhauses Bochum, September 1953, S. 9-9).

Das Varietétheater wurde am 10. September oder Oktober 1908 eröffnet (Claus Spahn, Die Theatergeschichte des Ruhrgebietes unter besonderer Berücksichtigung der Theatergemeinde bis 1933, Diss. Köln 1972, S. 77). „Die Pläne sind verantwortlich unterschrieben von dem Architekten Engler und dem Unternehmer Voermann" (Massenberg). Der Zuschauerraum umfaßte rund 1.400 Plätze, ein Führer von 1908 nennt sogar die Zahl 2.000. Die quadratische Bühne maß 12 x 12 m, bei einer Höhe von 10 m, der Schnürboden war 30 m hoch. Als technische Höchstleistung fand die Stahlbetonrippenkuppel viel Bedeutung, sie maß 29 m im Durchmesser bei 8,5 m Pfeil (Karl W. Mautner, Eisenbeton-Kuppel- und Wölb-Konstruktionen, in: Deutsche Bauzeitung. Mitteilungen über Zement-, Beton- und Eisenbetonbau VI, Nr. 13, 1909, S. 53 ff., S. 54).

Das Unternehmen erwies sich als Fehlspekulation. Schon „im März 1909 ging das Theater in Konkurs, das Gebäude verkaufte der Konkursverwalter an Frau Erlemann, ihr Mann betrieb dann das Theater bis 1912 selbst, wo es nach einem Umbau die Stadt übernehmen wollte, um darin das Stadttheater zu eröffnen" (Günter Höfken, Die Geschichte des Hauses Rechen, in: Jahrbuch der Vereinigung für Heimatkunde, Bochum 5, 1951, 53 ff., S. 67). „Mit der Ausarbeitung der Planung für den umfassenden Umbau wurde Architekt Bettinger, Düsseldorf, beauftragt. Am 18. 6. 1912 wurde mit den Abbrucharbeiten begonnen. Bald stellte sich jedoch heraus, daß die für den Umbau angesetzte Bausumme viel zu niedrig angegeben und daß außerdem die angegebene Summe nicht einmal gedeckt war. Die Arbeiten kamen aus Geldmangel bald zum Erliegen" (Massenberg, S. 8). Der halbfertige Umbau kam zur Zwangsversteigerung, wobei die Städtische Sparkasse Meistbietende blieb und die Stadt in ihre Rechte eintrat" (Höfken). Am 16. 1. 1914 erwarb die Stadt Grundstück und Ruine des Hauses an der Königsallee. Am 24. 4. 1914 beschloß die Stadtverordnetenversammlung den Umbau. Mit der Planbearbeitung wurde Regierungbaumeister Moritz, Köln, beauftragt. Bei der Durchführung schaltete sich maßgebend der damalige Stadtbaumeister Karl Elkart ein. Um die Ausmaße des Zuschauerraums zu verringern, mußte die Stahlbetonrippenkuppel vollkommen entfernt und die Umfassungskonstruktion abgesenkt werden. Eine leichte Stahlgitterkonstruktion mit untergehängter Rabitzdecke bildete nun die Decke des Zuschauerraumes. Die bisher völlig fehlenden Wandelgänge wurden durch Veringerung der seitlichen Ausdehnung des Zuschauerraums ermöglicht. Die Zahl der Plätze wurde auf 980 vermindert. An Stelle der bisherigen unzulänglichen Bühnenräume entstand ein großes Bühnenhaus mit Einrichtungen ... Am 21. 12. 1915 erfolgte die Übergabe ... 1921/2 wurde das Werkstatt- und Magazingebäude an der Fürstenstraße errichtet. 1922 wurde die Drehbühne eingebaut. 1924/5 erhielt die Bühne einen Rundhorizont mit Rabitzkuppel, fahrbare Beleuchterbrücke und bewegliches Proszenium. (C. Massenberg, Aus der Baugeschichte des Bochumer Stadttheaters, in: Bochum baut H. 2, 1953, S. 7-15). Der Umbau verwandelte einen reich und organisch bewegten Jugendstilkomplex in einen steifen, fast neoklassizistischen Bau.

1938 wurde eine umfangreiche Umgestaltung und reichere Ausstattung des Zuschauerhauses vorgenommen. ,,Zuschauerraum, Foyer, Eingangshalle, Gänge und Treppen bieten sich nach dem nunmehr durchgeführten Umbau in einem völlig veränderten repräsentativen Gewande dar, das der hohen künstlerischen Bedeutung der Bochumer Bühne entsprechen dürfte.

In seiner grundrißlichen Gestaltung zeichnete sich das Bochumer Theater bereits vorher durch eine bemerkenswerte Klarheit aus, lediglich das Fehlen eines repräsentativen Empfangsraumes und der Wirtschaftsräume war zu bemängeln, so daß die Umbauarbeiten im wesentlichen auf die Erneuerung des inneren Ausbaues beschränkt werden konnten.

Die nach dem Entwurf und unter der Oberleitung von Regierungsbaumeister Timmermann, Bochum, ausgeführte neue Raumgestaltung . . . (hatte zum Ziel) . . . alle Räume unter strengster Beobachtung des Maßstabes zu einer harmonischen Einheit zusammenzufassen und überall einen Ausdruck lebensteigernder Festlichkeit zu schaffen . . .

Soweit die einzelnen Räume bestehen bleiben konnten, wurden sie vollkommen neu hergerichtet: die Vorhalle und die eingegliederten Kassen wurden im Material dem vorhandenen Marmor angepaßt und die alten unschönen eisernen Treppengeländer durch massive Brüstungen ersetzt. Die Umgänge, die bisher einen klaren Raumgedanken völlig vermissen ließen, schmiegen sich jetzt harmonisch der Ausrundung des Zuschauerraumes an. In ihrer kühlen zurückhaltenden Farbgebung, die ganz auf blau-silber-grau abgestimmt ist, bilden sie einen wirkungsvollen Gegensatz zu der warmen Tönung, gold-rot-elfenbein, die im Zuschauerraum vorherrscht.

Um diesem gewaltigem Raum, der glücklicherweise nur zwei Ränge aufweist, die bisher fehlende Klarheit und Einheitlichkeit zu geben, wurden alle tragenden Glieder zu einem strengen Rhythmus zusammengefaßt und eine neue stark profilierte Decke eingezogen, die sich von dem für die Bühnenbeleuchtung notwendigen halbkugelförmigen Einschnitt fächerartig ausbreitet. Auf diese Art wurde gleichzeitig bewirkt, daß der Raum nicht zu hoch erscheint.

An der hinteren Wand des ersten Ranges wurden wiederum kleine Logen geschaffen, die sich zu beiden Seiten der großen Ehrenloge für besondere Ehrengäste aneinanderreihen. Besondere Erwähnung verdient, daß der kleine vorgelagerte Empfangsraum für die Ehrengäste diesmal nicht – wie in allen übrigen Theatern mit ähnlicher Raumanordnung – gegen das Foyer hin abgeschlossen ist, sondern durch fünf Bogenstellungen öffnet, derart dokumentierend, daß er für gewöhnlich jedem Besucher zugänglich ist. Nur bei besonderen Anlässen werden die Vorhänge zugezogen und so eine Abgrenzung von dem Foyer und hier neugeschaffenen Wirtschaftsräumen hergestellt.

Eine neue Bestuhlung war gleichfalls unumgänglich notwendig. Um den Zuschauern den Blick auf die Bühne in voller Front zu gestatten, wurden die Sessel in den Seitengängen schräggestellt, was entschieden als eine wesentliche Verbesserung gegenüber der normalen Aufstellungsart gewertet werden muß, die allgemeine Beachtung beanspruchen darf.
Bei der Wahl des Materials für die Ausstattung des Zuschauerraumes mußte zunächst auf die Erzielung einer guten Hörsamkeit hingestrebt werden. Die Wände des Parketts und des ersten Ranges wurden aus diesem Grunde mit Sperrholz ausgeschlagen, und zwar so, daß zwischen Mauerwerk und Holz noch ein Hohlraum verblieb. Da eine Vertäfelung jedoch nicht die ästhetische Wirkung besitzt, die sich dem Baukünstler durch die Verwendung von weichem Stoff ergibt, erhielt das Sperrholz einen Überzug aus goldrotem ornamentiertem Stoff, der zusammen mit dem warmen Elfenbeinton von Pfeilern und Türen eine Atmosphäre schafft, wie man sie sich festlicher kaum denken kann.
Erhöht wird dieser Eindruck noch durch die Art, wie das Proszenium in den Zuschauerraum hineinbezogen wurde. Da die Aufführung großer Dramen eine möglichst weitgehende Durchbrechung der Trennung von Bühne und Zuschauerraum erwünscht erscheinen läßt, um jedem einzelnen ein aktives Miterlebnis des Geschehens auf der Bühne zu ermöglichen, konnte das Proszenium architektonisch nur dem Zuschauerraum angegliedert werden, farblich mußte es dagegen mit der Bühne eine Einheit bilden. Es wurde daher gold getönt und durch Umbra stark dunkel lasiert.
Um den würdigen Rahmen für die Shakespeareschen Königsdramen oder Hebbels Nibelungen abgeben zu können, mußte es aber gleichzeitig von monumentaler Gestaltung sein. Aus diesem Grunde wurden zwei doppelte Pfeilerstellungen vor der Bühne angeordnet und die gesamte Ansicht dahinter mit einem Bühnenvorhang versehen.
(Neugestaltung des Bochumer Theaters. Architekt, Stadtrat Regierungsbaumeister a. D. Timmermann, Bochum, in: Deutsche Bauzeitung, 74, 1940, Heft 15, Beilage, S. 41-43).

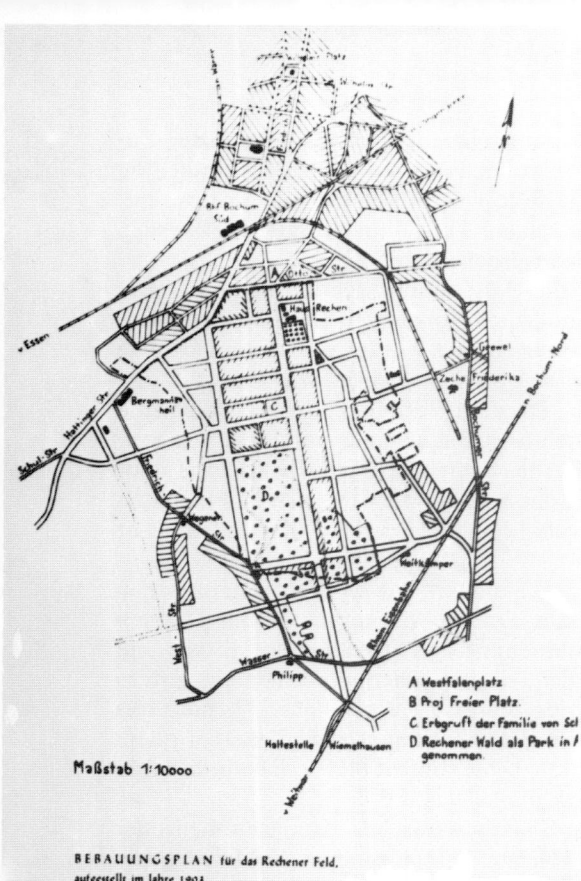

7
Bebauungsplan für das Rechener Feld 1903

8
Thierbach, Bochum, Knappschaftsgebäude

9
Thierbach, Bochum
Knappschaftsgebäude

10
Thierbach, Bochum,
Knappschaftsgebäude

11
Thierbach, Bochum,
Knappschaftsgebäude

12
Bochum, Orpheum

13
Bochum, Orpheum

14
Bettinger und Karl Elkart,
Bochum, Theater

IV. Kaufhaus Alsberg-Kortum.

Das von der Düsseldorfer Firma Klose & Philipp Schäfer begonnene Warenhaus Alsberg war bei Kriegsbeginn 1914 unvollendet und diente als Lager (Wolke S. 103). Im September 1913 traf die Gesellschaft mit der Stadt Bochum folgende Vereinbarung. „Alsberg stellt den Grund und Boden für die Harmoniestraße in einer Länge von 95 m und einer Breite von 13,5 m der Stadt Bochum unentgeltlich zur Verfügung und trägt ferner sämtliche Kosten, die durch die Anlage, Befestigung und Versorgung der Straße mit Gas, Wasser, Elektrizität und Kanalleitungen sowie der elektrischen Straßenbeleuchtung entstehen. Zwecks Verbreiterung der Schützenbahn und Grabenstraße sowie Schaffung eines freien Platzes zwischen Harmonie- und Pariserstraße wurden die Grundstücke Schützenbahn 11-23 und Grabenstraße 19 und 21 von der Stadt Bochum gekauft. Die Firma Alsberg trägt die Hälfte der Ankaufskosten; außerdem tritt Alsberg aus dem von ihr angekauften Grundstück des Gärtners Bürbwenich alle die Flächen unentgeltlich an die Stadt Bochum ab, die für die Straßenverbreiterung benötigt werden. Dagegen erhält Alsberg von der Stadt Bochum die hinter der Baufluchtlinie verbleibenden Grundstücksreste von der Schützenbahn 11-15 und Grabenstraße 21. So entstand das Bügeleisengrundstück, das später an die Kommunalbank verkauft wurde. Gleichzeitig wurde von Alsberg mit der Gesellschaft Harmonie ein Vertrag geschlossen, wonach die Harmonie die Flächen an die Stadt Bochum abtrat, die für die Schaffung der Harmoniestraße benötigt wurden. Dafür verpflichtete sich Alsberg, für den Umbau der Harmonie M 250 000 zur Verfügung zu stellen" (Stadtarchiv N I 13 Nachlaß Küppers, Nr. 80, Brief der Gebrüder Alsberg vom 8. 11. 32 an Paul Küppers).

„Am 18. Dezember 1915 notierte der Landmesser Overhoff . . . daß das neue Warenhaus Gebrüder Fried & Alsberg in Cöln auf der in der Stadtgemeinde Bochum Flur 48 gelegenen Parzelle errichtet und im Rohbau fertiggestellt ist." (Der Bochumer Jg. 12, Mai 1971, S. 5) „Nach dem Krieg wurde es fertiggestellt und in Betrieb genommen. 1921 wurde die Gebrüder Alsberg AG gegründet. Die Firma vergrößerte ihren Besitz. 1926 wurden die Gebäude in der Hochstraße 11 (1195 m²) und der Grabenstraße 6 und 6,1 (193 und 149 m²) dazugekauft. 1932 hatte das Grundstück eine Größe von etwa 5000 m². Zugleich mit dem Bau des Warenhauses Alsberg wurde schon 1913 auf dem Grundstück der Bauherren eine Straßenverbindung zwischen Hochstraße (Kortumstraße) und Grabenstraße geschaffen, die heutige Harmoniestraße" (Wolcke S. 103). Die Firma Kortum übernahm den Bau 1934 von den Juden Alsberg. Eberhard Grunsky hat auf Anregung durch Warenhäuser von Wilhelm Kreis und durch Olbrichs Warenhaus Tietz in Düsseldorf hingewiesen (Eberhard Grunsky, Otto Engler, Geschäfts- und

Warenhausarchitektur 1904-1914. Landeskonservator Rheinland, Arbeitsheft 12, 1979, Anm. 84; vgl. BoWoche Jg. 5, 1954, Nr. 37, S. 1-3; nicht zugänglich war mir: Geschäfts- und Warenhausbauten, Allgemeine Hochbaugesellschaft, AG o. O. o. J.).

V. Stadtbaumeister Karl Elkart.

Karl Elkart wurde am 15. September 1880 zu Althausen im Württembergischen Oberland geboren. An der Technischen Hochschule Stuttgart legt er 1903 als Schüler von Theodor Fischer sein 1. Staatsexamen ab, die Staatsprüfung zum Regierungsbaumeister folgt 1907. Als junger Regierungsbaumeister kam er nach Wolfenbüttel, anschließend nach Altona. Dort ist er ab 1. 10. 1907 fünf Jahre lang als Stadtbaumeister tätig. In Hamburg konnte er am Innenausbau des Völkerkundemuseums und verschiedenen größeren Schulbauten (Oberrealschule Eimsbüttel) sowie am Stadtpark mitarbeiten, der Bahnhof Zollenspieker ist von ihm. Zum 1. Januar 1912 wurde er als Preisträger im Wettbewerb um das Stadtparkrestaurant nach Bochum berufen. Er schuf hier u. a. das Verwaltungsgebäude des Elektrizitätswerkes Westfalen, die Oberrealschule und die Volksschule am Rechener Busch, zahlreiche Kleinbauten und Platzanlagen, sowie Pläne für die neue Stadterweiterung und Friedhofsanlagen. Aus Bochum wurde er zum 1. 4. 1918 zum Stadtbaurat und Magistratsmitglied in Spandau gewählt. Nach kurzer Zeit gelang ihm dort die organisatorische Vereinigung aller bisher aufgeteilten Gebiete des Hochbaues, Städtebaues, der Baupolizei usw. in einer Hand. Am 1. 4. 1922 wurde er Städtebaudirektor der Stadt Berlin. Nach der Eingemeindung Spandaus in Berlin avanciert Elkart zum Geschäftsführer der Wohnungsfürsorgegesellschaft für Berlin und die Provinz Brandenburg. „In Spandau sind von ihm mehrere große Wohnblöcke errichtet, die Gestaltung des Friedhofs, des Südparks (und Bethkestr. d. V.) und der neue Bebauungsplan sind auf ihn zurückzuführen". In Berlin entstanden eine neue Bauordnung und ein Bauzonenplan. „Besondere Fürsorge widmete Elkart der Erhaltung der Wälder am Rande der Stadt sowie der Neuanlage von Parkflächen im Innern". Elkart schlug Durchbruchstraßen zur Entlastung der Potsdamer und Leipziger Straße vor. „Wertvoll war es, daß er das zur Bebauung bestimmte Tempelhofer Feld für die Stadt erwarb, so daß es als Flugplatz Verwendung finden konnte. Ferner schuf er das Messe- und Ausstellungsgelände mit der ersten Ausstellungshalle". „Im Jahre 1925 wurde Elkart von den städtischen Kollegien in Hannover einstimmig zum Senator und Stadtbaurat gewählt. Er übernahm dieses Amt am 8. September 1925". Auch dort gelang es ihm, die verschiedenen Dezernate zusammenzufassen. „Besonders zu nennen ist hier die Aufstellung eines großzügigen Bau- und Entwicklungsprogramms für 20 Jahre einschließlich der damit zusammenhängenden Maßnahmen städtebaulicher, verkehrstechnischer und versorgungstechnischer, grundstückstechnischer und finanzieller Art, ferner die Aufstellung eines Generalbebauungsplanes und einer neuen Bauordnung. Auch ließ er sich die Behebung der Wohnungsnot angelegen sein und übernahm neben dem amtlichen Bauwesen die Führung der gesamten privaten Wohnungsbautätigkeit unter finanzieller

und sonstiger Unterstützung der Stadt auf Grund modellmäßiger Vorklärung und Erlaß entsprechender Bauvorschriften, wodurch ganze Stadtteile mit einheitlichem Gepräge entstanden. Daneben . . . die Sanierung der Altstadt, von der insbesondere die Umgebung des Ballhofes" zu nennen ist. „Dazu kam der großzügige Ausbau des Verkehrsstraßennetzes und der Kanalisation, die Förderung der Sportanlagen, besonders die Einrichtung verschiedener großangelegter Freibadestellen. Vor allem zu erwähnen ist die Ausgestaltung des städtischen Grünsystems, beispielsweise die Umgestaltung des Leinetales mit der Schaffung des etwa 80 ha großen Maschsees und seiner gärtnerischen und baulichen Nebenanlagen, die Wiederherstellung der Herrenhauser Gärten, die Umgestaltung der vorderen Eilenriede. „Die Krönung in dem umfangreichen, bis ins Einzelne durchgearbeiteten Projekte für die Neugestaltung Hannovers, die den Beifall und die Genehmigung des Führers fanden und dazu führten, daß durch Erlaß des Führers vom 12. Mai 1940 das Gesetz über die Neugestaltung deutscher Städte auch auf Hannover ausgedehnt wurde". Aus seinem architektonischen Schaffen der letzten Jahre sind an größeren Bauten noch zu erwähnen: die Volksbücherei, die Berufsschule in der Nordstadt, Volksschule (1930) und Feuerwache (1937) in der Südstadt, die Maschseegaststätte und die Gartenstadt Kleefeld (1928), die er zusammen mit hannoveranischen Architekten geschaffen hat, außerdem der Neubau des Hauses des Deutschen Gemeindetages, der ihm im Rahmen der Neugestaltung Berlins mit Zustimmung des Führers übertragen wurde", schließlich die Schaffung des etwa 100 ha großen Hermann-Löns-Parkes mit seinen Nebenanlagen.
„Im Jahre 1925 (9. 3.) wurde er zum Mitglied der Akademie des Bauwesens und 1927 (2. 1.) zum Honorarprofessor an der Technischen Hochschule Hannover ernannt. Seit 1924 (30. 6.) gehört er der Deutschen Akademie für Städtebau, Reichs- und Landesplanung an und ist zur Zeit Vorstandsmitglied und Leiter der Landesgruppe Niedersachsen; ferner Senatsmitglied der Akademie für Bauforschung und des Franz-Seldte-Instituts. Er ist Vizepräsident der internationalen Architektenschaft (C. P. I. A.) und Präsident deren Deutscher Sektion und Mitglied des Verwaltungsrats des Internationalen Verbandes für Wohnungswesen und Städtebau. Außerdem war er 1931 bis 1934 Vorsitzender der Deutschen Gesellschaft für Bauwesen. „Er hat sich insbesondere die Förderung des Wohnungswesens im Bezirk Hannover angelegen sein lassen, ist Mitglied des Aufsichtsrates der Niedersächsischen Heimstätte, Vorsitzender des Aufsichtsrates der Niedersächsischen Bauträgergesellschaft und der Gemeinnützigen Baugesellschaft Hannover." (Stadtbaurat Professor Karl Elkart, in: Monatshefte für Baukunst und Städtebau, H. 9, Sept. 1940, S. 225-228; vgl. auch Stadtarchiv Bochum N 1, 13, Nachlaß Küppers, Nr. 217).*
Elkarts Arbeiten „zeigen ihn als einen Architekten, der auf der Überlieferung aufbaut, sich nicht scheut, das alte Gute aufzusuchen, zu erforschen und es

zur Reife zu bringen. Ihm wird zum Glaubensbekenntnis das normale Wachstum, die stetige Entwicklung. Wir sehen in ihm keinen Stürmer und Neuerer. Er greift bewußt zurück auf die typischen Formen der überlieferten einheimischen Architektur und wird so zum ‚bodenbeständigen' Baumeister im besten Sinne des Wortes". „Im architektonischen Ausdruck sind die Ziele verfolgt, denen wir in neuerer Zeit wieder allgemein Geltung zu verschaffen suchen: Einheitliche Durchführung der Architekturmotive, rhythmische Belebung des Baublocks durch Wiederholung von Erker-, Loggien-Anlagen und dergleichen und straffe Durchführung der das Wohnliche charakterisierenden Horizontalen. Ein ruhiges Dach hält den imponierenden Baukörper fest zusammen". „Als wahrer Anhänger und Förderer einer gesunden Heimatschutzbewegung legte er in allen seinen Planungen das Augenmerk auf die Erhaltung vorhandener Naturwerte und Einfügung seiner Bauten in den Charakter der Umgebung". „Im treffsicheren Einfügen eines Bauwerkes in die Natur, ein Können, das uns lange Zeit ganz verloren gegangen war und das auch heute noch selten genug zu finden ist, zeigt sich Elkart als Meister" (Hugo Koch, Neuere Bauanlagen von Arch. Städtebaudirektor Elkart-Berlin, in: Der Baumeister: Monatshefte für Architektur und Baupraxis, Jan./Febr. 1923, H. 1/2, XXI).
Das Stichwort „Heimatschutz" erschließt eine tiefere Dimension. W. Lindner definiert in Wasmuths Lexikon der Baukunst, Berlin 1931: „Heimatschutz ist um die Jahrhundertwende aus kultureller und ethisch-sozialer Not geboren. Die unaufhaltsame, Besinnung und Maßstab ausschließende Mechanisierung des Lebens durch Industrie, Technik, Verkehr erforderte Schutz für bedrohte unersetzliche Werte heimatlicher Natur, heimatlichen Menschenwerks, bodenverwurzelten Volkstums. Das Wort Heimatschutz wurde 1897 zum erstenmal geprägt. Zur Förderung des Heimatschutzes entstand der Deutsche Bund Heimatschutz im Jahre 1904". Wir zitieren aus dem Programm: „Der Bund bezweckt, die deutsche Heimat in ihrer natürlichen und geschichtlich gewordenen Eigenart zu schützen und die gesamte Heimatschutzbewegung zusammenzufassen. Er erstrebt insbesondere den Schutz der Natur sowie der Eigenart des Landschaftsbildes, den Schutz und die Pflege der Werke, der Bauten, der beweglichen Gegenstände, die Pflege und Fortbildung der überlieferten ländlichen und bürgerlichen Bauweise, die Pflege der Volkskunst auf dem Gebiet der beweglichen Gegenstände, deren Sitte, Gebräuche, Feste und Trachten... Pflege bodenständiger Bauweise, soweit diese unter den heutigen Wirtschaftsverhältnissen noch in Frage kommt, Beratung in Friedhofskunst und Kriegerehrung. Über Schutz und Pflege hinaus erstrebt der Heimatschutz vor allem den Ausgleich zwischen guter Überlieferung und gesundem Fortschritt. Bewußt stellt er sich in den Dienst der werdenden Heimat als Mittler zwischen ihm und dem Erbe. Er versucht, daseinsberechtigte, bodenständige, wie auch organisch neue

und neuartige Leistungen des gestaltenden Schaffens zu fördern, soweit beide sachlich gegeben sind. Gerade auf die Möglichkeit und Notwendigkeit dieser Synthese legen die maßgeblichen Kräfte des Heimatschutzes und der Heimatpflege entscheidenden Wert. Bedeutung, Umfang und Schwierigkeit dieser Aufgaben wächst mit der allgemeinen Nivellierung und Internationalisierung. Aber gerade in dieser Zeit des starken Ringens um klare Ausdrucksformen der Gegenwart erwartet und verlangt der Heimatschutz eine vertiefte Berücksichtigung seiner in weiten Kreisen, vor allem auch der Wirtschaft, anerkannten Grundgedanken, die praktischen Erwägungen in keiner Weise entgegenstehen. . . . Wenn der Heimatschutz dem Gestaltungsbilde der Heimat seine Kräfte zuwendet, so stellt er sich auch damit bewußt in den Dienst der Arbeit für gesundes Volkstum, die sein Hauptziel ist. Nicht bloß ästhetische, sondern vor allem sozial-ethische Gesichtspunkte leiten ihn, denn die Gestaltung des Heims, der Siedlung, der Arbeitsstätte, der umgebenden Natur ist und bleibt der wesensbestimmende Faktor für den Menschen. Ist da alles in Ordnung, so wird er auch die richtige Einstellung zu den anderen Aufgaben finden" (Vgl. auch Joachim Petsch, Heimatkunst-Heimatschutz, in: Archithese, 27-28, März/April 1979, 66. Jg., S. 49-52).

Der 1. Preis im Wettbewerb um das Stadtsparkassengebäude war der Anlaß, Karl Elkart (15. 9. 1880 Hannover - 12. 6. 1959 daselbst) aus Hamburg zum Stadtbaumeister von Bochum zu berufen.
„Ein Wettbewerb um Entwürfe für ein Restaurationsgebäude im Stadtpark von Bochum wird unter den in den Provinzen Westfalen, Rheinland und Hessen-Nassau ansässigen Architekten bis 15. Dezember d. J. (1911) ausgeschrieben. Ausgesetzt sind drei Preise von 2.000, 1.400 und 800 Mark, doch soll bei gleichwertigen Entwürfen die auf sie fallende Gesamtsumme gleichmäßig verteilt werden. Der Ankauf von zwei weiteren Entwürfen zu je 400 Mark bleibt vorbehalten.
Dem Preisgericht gehören als Architekten an: Stadtbaurat Knipping, Stadtrat Baumeister Rosenstein, Stadtverordneter Baumeister Berndt in Bochum, Stadtbaurat Kullrich in Dortmund, Architekt Brantzky in Köln. Ferner als Ersatzmänner für die beiden Letztgenannten Stadtbaurat Müller-Jena in Köln" (Zentralblatt der Bauverwaltung 31, 1911, S. 468). Das Preisgericht erteilte: „den ersten Preis (2.000 Mark) dem Stadtbaumeister Elkart in Bochum, den zweiten Preis (1.400 Mark) den Architekten Heinemann und Homel in Dortmund, den dritten Preis (800 Mark) den Architekten Tietmann und Wolff in Düsseldorf und von Architekt K. Müller in Bochum wurden zu je 400 Mark angekauft". Es waren 50 Entwürfe eingegangen. (a. a. O., 32, 1912, S. 59).
In einem Nachtrag (a. a. O. S. 112) lesen wir dann: „Das Preisgericht hebt seinen früheren Beschluß (vom 19. Januar d. J.) über die Preisverteilung auf

und sieht sich veranlaßt, dem Wortlaut des Anschreibens folgend, wonach der Wettbewerb sich auf die zur Zeit des Ausschreibens nur in Westfalen, Rheinland und Hessen-Nassau ansässigen Architekten beschränkte, den für den ersten Preis bestimmten Entwurf des Stadtbaumeisters Elkart in Bochum, bisher in Hamburg ansässig, von der Preisverteilung auszuschließen. Es hat demnächst am 13. d. M. beschlossen, zuzuerkennen den 1. Preis (2.000 Mark) den Architekten Heinemann und Homel in Dortmund, den zweiten Preis (1.400 Mark) den Architekten Tietmann und Wolff in Düsseldorf und Essen, den dritten Preis (800 Mark) den Architekten Pipping und Nilson in Düsseldorf, sowie ferner den Entwurf von Architekt K. Müller in Bochum zum Ankauf (400 Mark) zu empfehlen." (Zu den Umbauplänen vgl. Schrift der Bauverwaltung 1963. Parkhaus Bochum. Der neue Saalbau im Stadtpark. Programm und Entwürfe; vgl. Innendekoration 26, 1915, S. 292 ff). Beteiligt hatten sich ferner Stähler und Horn; J. Lepelmann; Theodor Suhnel und A. Stein.
(Die neue Oberrealschule an der Königsallee in Bochum, in: Das Schulhaus, herausgegeben . . . von Stadtbaurat L. Schoenfelder, Kgl. Baurat, 19. 1917. S. 112-117:) "Der Ankauf des Rechener Waldes mit den angrenzenden Flächen im Herbst 1910, . . . gab der Stadt die Gelegenheit, für die beiden Schulen, deren Errichtung in den nächsten Jahren nötig wurde für eine Volksschule und eine höhere Knabenschule außergewöhnlich gutgelegene Bauplätze zu wählen. Für die höhere Knabenschule, die Oberrealschule II. i.E. wurden die Kosten der Vorarbeiten Anfang 1913 und die Baukosten in Höhe von 650.000 Mark Ende 1913 bewilligt . . . „Im Juni 1914" wurde mit den eigentlichen Bauarbeiten begonnen. Bezogen wurde die Schule Mitte September 1916 . . . Auch heute ist die Schule nicht fertig und kann auch während der Kriegszeit nicht fertiggestellt werden. So fehlen noch gänzlich der Ausbau der Aula im Innern und in der Hauptsache die Einrichtung der Räume für naturwissenschaftlichen Unterricht. Die Lage der Schule im Gesamtplane der Gegend bedingte ihre besondere Anordnung im Einzelnen. Erinnern darf man in dieser Hinsicht an den alten Steinbruch dort, wo sich jetzt der Vorplatz befindet; aufmerksam machen muß man auf die Bedeutung des Schulbaues an der Eingangspforte der dortigen Waldanlagen mit ihren alten herrlichen Buchen, und hinweisen kann man weiter auf die Rücksichten, welche auf die niedrige Bebauung der dortigen Gegend, sowie auch auf den frühen dort tätigen Bergbau zu nehmen waren.
Der Schwerpunkt des Gebäudes mit dem Aulabau und dem Haupteingang liegt nach der Königsallee. Der Haupteingang, der durch eine Vortreppe von dem Schmuckplatz aus erreicht wird, führt durch einen Windfang in die Haupthalle. In dieser münden die Flure der beiden Flügel, in denen im wesentlichen die Unterrichtsräume gelegen sind und zwar so, daß im südlichen Flügel die Hauptzahl der Klassen, im nördlichen dagegen die Räume für den naturwissenschaftlichen Unterricht untergebracht sind.

Von der Haupthalle unmittelbar zugänglich ist noch der Zeichensaal, sowie das Direktor- mit Vorzimmer und das Schuldienerzimmer. Das letztere ist so neben dem Eingang gelegen, daß dessen Beaufsichtigung ... leicht möglich ist. Das Schuldienerzimmer steht ferner durch eine besondere Treppe in unmittelbarer Verbindung mit der im Untergeschoß an der Grünstraße gelegenen Wohnung. Zwischen Schuldienerzimmer und Haupthalle ist noch ein Frühstücksraum ... angeordnet ...
Von der Haupthalle führt eine stattliche Haupttreppe in das Obergeschoß, welches im wesentlichen dieselbe Anordnung wie das Erdgeschoß besitzt, nur mit dem Unterschied, daß sich hier die große Aula mit Gesangssaal und Sängerempören befinden. Im nördlichen Flügel befinden sich im Obergeschoß endlich noch die Aufenthaltsräume für die Lehrer, bestehend aus dem Vorzimmer, dem Konferenzzimmer, dem Arbeitszimmer und einer Bücherei. Das Gebäude enthält auf diese Weise 18 Klassen für insgesamt 600 Schüler. Bei der Ausstattung der Räume ist durchweg darauf Rücksicht genommen, daß ohne besonderen Aufwand eine solche Ausführung gewählt ist, die möglichst geringe Unterhaltskosten verursacht. Aus diesem Grunde sehen wir die sämtlichen Flure und Hallen bis Kopfhöhe mit grünen Kacheln (S. 115) verkleidet, die unbedeckten Stellen, wie in der Haupthalle, an den Eingängen zur Aula und an den Trinkbrunnen mit farbigen Ornamenten, die zum Teil auf den Krieg Bezug nehmen, belegt sind. Die Klassen selbst sind in einfachen aber freundlichen Tönen gestrichen und mit farbigen Linien zur Belebung der Flächen abgesetzt. Diese farbige Behandlung ist in den Hörsälen der naturwissenschaftlichen Räume etwas gesteigert ... Eine mehr auf das Behagliche hinzielende Ausstattung haben die Räume für den Direktor und die Lehrer erhalten ... Ganz besonders freundlich in den Farben ist die Turnhalle gehalten. Es ist hier durch die Verwendung der deutschen Farben schwarz-weiß-rot ein feuriger Farbenaccord erreicht.
... Die hervorragende Lage bildet einen solchen Rahmen, daß eine stark architektonische Betonung hier nur aufdringlich wirken würde. Nur das Hauptportal ist etwas bedeutender ausgestattet. Es trägt 2 Figurengruppen von der Hand des Bildhauers Knöhl, Hamburg. Die Gruppen versinnbildlichen den Spruch „Bete und arbeite". Im übrigen sind die Sockelflächen in Ruhr-Kohlensandstein, die übrigen Flächen in Terranovaputz ausgeführt. Das Dach ist in dunklen Hohlpfannen mit Schiefereinfassung eingedeckt. Auf dem Aulaflügel sitzt noch ein kräftiger in Schiefer gedeckter Dachreiter mit großer Plattform, die für astronomische Zwecke dient. Dieser Dachreiter trägt außerdem die Fahnenstange als Bekrönung des ganzen Bauwerks sowie die reich gegliederte und farbig behandelte Turmuhr." (Vgl. auch Graf-Engelbert-Schule Bochum, Festschrift zum 50jährigen Bestehen der Schule und Übergabe des neuen Schulgebäudes, Bochum 1960 S. 49) vgl. auch Neudeutsche Bauzeitung 14, 1918, S. 173-175).

Erfolgreich übertrug Elkart seine klassizisierende Variante des Jugendstils in Klinkerbau an der Verwaltung des Elektrizitätswerkes Westfalen. Der Architekt und Kritiker Paul Mebes widmete dem Bau folgende Worte: „Da das Gebäude in einer Gegend mit offener Bauweise liegt, so hat sich der Architekt bemüht, das Gebäude möglichst niedrig erscheinen zu lassen, indem er über dem zweiten Stock ein kräftig gegliedertes Mansardgesims anordnete. Ob hierdurch die Einheitlichkeit, die Ruhe und Größe der Baugruppe nicht etwas gelitten haben, möge hier unerörtert bleiben. Die Fassaden sind bis auf den in Muschelkalkstein ausgeführten Sockel mit holländischen Klinkern verkleidet. Das Dach ist mit dunklen Pfannen mit Schiefereinfassung eingedeckt. Den Abschluß bildet ein köstlich gezeichneter kupferner Dachreiter" (Paul Mebes, in: Innendekoration 26. 1915, 289 ff.).

DAS SCHULHAUS

15
K. Elkart, Entwurf für Bochum,
Oberrealschule

16
Karl Elkart, Bochum,
Verwaltung des
Elektrizitätswerkes Westfalen

17
Heinemann u. Hommel,
Entwurf für Bochum, Stadtgarten

18
Tietmann und Wolff,
Entwurf für Bochum, Stadtgarten

19
K. Müller,
Entwurf für Bochum, Stadtgarten

20
Pipping und Nilson,
Entwurf für Bochum, Stadtgarten

21
Stähler und Horn,
Entwurf für Bochum, Stadtgarten

22
J. Lepelmann,
Entwurf für Bochum, Stadtgarten

23
A. Stein
Enturf für Bochum, Stadtgarten

24
Theodor Schnee,
Entwurf für Bochum, Stadtgarten

VI. Das Lueg-Hochhaus von Emil Pohle.

Erstaunlich zeitgenössische Publizität genoß das Hochhaus der Autofirma Friedrich Lueg, das Emil Pohle von August 1924 bis September 1925 errichtete (Bauten und Entwürfe von Emil Pohle, Düsseldorf 1927, S. 22). „Das Erdgeschoß bildet eine 450 qm große Ausstellungshalle für Automobile, während die Obergeschosse Büros enthalten, rund 3100 qm Nutzfläche. Um die nötige Tiefenentwicklung (13,5 m) der Ausstellungshalle zu ermöglichen, wurde die gesamte Rückfront auf einen Eisenbetonträger (Vierendeelträger) von 23 m Spannweite gestellt, der etwa 18 t Eiseneinlagen erhielt. Diese Konstruktion wurde in den Obergeschossen in verminderter Stärke ausgeführt. Der Aufbau des Gebäudes ruht außerdem vom Erdgeschoß aufwärts auf einer großen Mittelsäule, die gleichzeitig als Lichtträger ausgebildet ist. Das Haus selbst ist ganz in Eisenbeton ausgeführt; das Fundament besitzt eine 1,20 starke Ringverankerung gegen etwaige Bergschäden. Die Zwischenwände der Bürogeschosse sind in Schwemmsteinen mit Torfisolierung ausgeführt, ebenso alle Flurwände, die ein beliebiges Versetzen der Türen gestatten. Die Decken erhielten gegen Schallübertragung eine 6 cm starke Bimsbetonauflage mit 3 cm starker Korkestrichschicht und 6 mm Korklinoleumbelag. Diese Konstruktion hat sich gut bewährt. Die Ansichtsflächen sind im Erdgeschoß mit Muschelkalkstein, in den Obergeschossen mit hartgesinterten (und unregelmäßig gefärbten Bockhorner, Pohle S. 22) Klinkern verkleidet". (Wasmuths Monatshefte für Baukunst 10, 1926, S. 319). „Sie geben dem Bau bei aller Strenge und Geschlossenheit doch eine gewisse Bewegtheit und Farbenfreudigkeit" (Pohle, S. 22). Pohle schreibt: „Der Bau wird später einmal zu beiden Seiten von Gebäuden eingefaßt werden; es war daher notwendig, von vorn und von der Rückfront soviel Licht als irgend möglich aufzufangen und aus diesem Grunde auch die für die Konstruktion notwendigen Pfeiler so zu stellen, daß sie den Lichteinlaß nicht allzu stark minderten. Die so entstandene Übereckstellung der Pfeiler diente nun auch dazu, dem Gebäudeäußeren eine wirkungsvolle Gestaltung zu geben, was umso mehr erwünscht war, als das Gebäude weit mehr von der Seite als von vorn in die Erscheinung tritt. Die Pfeiler beherrschen in ihrer straffen Form den gesamten Oberbau. Diese sich reckende, nach oben durchstoßende Kraft charakterisiert die aufstrebende Natur des Bauherrn und wird zum Wahrzeichen der in aufblühender Entwicklung begriffenen Industriestadt. Das Gebäude hat eine Höhe von 34 m. Bereitwilliges Entgegenkommen des Verbandspräsidiums in Essen und nicht zuletzt auch die verständnisvolle Behandlung, die der Bauplan von seiten der Baupolizei und -Beratung der Stadt Bochum erfahren hat, ermöglicht diese Ausdehnung. Die Konstruktion des Eisenbetons ist von der Firma Carl Brandt, Essen ausgeführt ... Die Raumeinteilung der Bürogeschosse wurde erst

vorgenommen, nachdem die . . . Mieter ihre Wünsche geäußert hatten . . . Durchgehende Fensterreihen (Doppelfenster) über den Bürotüren sorgen für genügende Flurbelichtung . . . Für die Entlüftung . . . sorgt ein oberhalb der Treppe angebrachter Ventilator nach dem System Schreiter, Saalfeld. Die Treppe ist in Eisenbeton mit Vorsatzbeton hergestellt, die Wände wurden unten steinmetzmäßig bearbeitet, die oberen freibleibenden Wände und die Decken in Stuck geglättet und in lichten Farben behandelt. Das Erdgeschoß hat bis zur Decke Travertinbekleidung. Ein langes, durch alle Geschosse hindurchführendes Fenster, sowie ein Oberlicht sorgen für taghelle Beleuchtung der Treppen. Dem Verkehr dienen ein Paternoster und ein Lastenaufzug . . . Im Anbau befinden sich Säle für Gymnastik und weitere Oberlichtsäle. Große lichte Ateliers befinden sich im Dachgeschoß. Die Ausstellungshalle für Fahrzeuge hat eine Ausdehnung von 430 qm. Von der Mittelsäule geht eine indirekte Beleuchtung aus. Zeiss-Scheinwerfer beleuchten die einzelnen Ausstellungsgegenstände, unterstützt von der Deckenbeleuchtung. Der Fußboden ist mit großen Solnhofener Platten belegt. Die Wände wurden mit Gips geglättet und in zartem, hellem Sandsteingrau, die Decke dazu passend getönt. Der Sockel ist mit Napoleonmarmor bekleidet. Die Eingangstüren sind aus Bronze. Der Bau in seiner Gesamtheit will Schönheit mit Zweckmäßigkeit vereinigen; aus seiner Erscheinung ist seine Bestimmung zu erkennen, und seine Vollkommenheit beruht auf der räumlichen Gesetzmäßigkeit, die ihm innewohnt". Hermann Seeger kritisiert: „Die baupolizeilich geforderte Staffelung des V. Obergeschosses zusammen mit dem Wunsch nach symmetrischer Fassadengliederung hat zu einer innerlich unbegründeten Wiederholung des Treppenhausmotivs von den Büroräumen geführt." (Vgl. Handbuch der Architektur, begr. v. Eduard Schmitt, 4. Teil, 7. Halbbd., Heft 1a. Bürohäuser der privaten Wirtschaft von Hermann Seeger, Leipzig 1933, S. 62-63).
Emil Pohle war am 27. 8. 1885 in Hadersleben, Bez. Magdeburg geboren. Er war Schüler von Wilhelm Kreis und Edmund Körner. Die Berliner Akademie hat ihn mit dem Rompreis ausgezeichnet. Eines seiner bekanntesten Werke ist das Reinoldi-Haus in Dortmund. In Bochum hat er eine Anzahl Privathäuser errichtet.
Während die zeitgenössischen Publikationen die ingenieurtechnische Leistung des Baus herausstellen, wird die ideologische Komponente deutlich in dem Vorwort, das der Expressionist Bernhard Hoetger zu Pohles Oeuvre verfaßt hat (Bauten und Entwürfe von Emil Pohle, Dortmund, Düsseldorf 1927): „Nordische Sehnsucht, vertikales Wachsen, Emporgleiten zur Sonne, das sind die Gestaltungsenergien und geistigen Kräfte, die Pohle besitzt und die der Schöpferdrang des jungen Baumeisters zur Formgestaltung treibt. Pohle ist Baumeister, ist stark in seiner

Vorstellungskraft, seine plastische Begabung leitet ihn unbeschadet durch die gefährlich sich breitmachende kunstgewerbliche Linie. Pohles Bauten erobern Neuland, aber nicht nur verlockende Ingenieursprinzipien, sind nicht nur praktisch und zweckentsprechend, sondern unterscheiden sich von den Werken seiner meisten Zeitgenossen durch das lebendige und konsequente vertikale Gleiten der Baumasse. Eine Sehnsucht des nordischen Geistes zur Sonne. Seine Architekturen tragen nicht die Voreingenommenheit errechneter Formen, man findet in seinen Häusern keine oberflächliche Betonung einzelner Etagen, noch sind sie belastet mit dem aufdringlichen Reiz der kunstgewerblichen Fläche. Die Gestaltung vollzieht sich in höheren Gesetzen. Der Geist ist vorherrschend und verdrängt die ästhetische Geschmacksphantasie. Monumental im Großen, wie im Kleinen, gebunden in den Kurven, plastisch im Aufbau, raumgestaltend im Sinne der plastischen Gesetze sind die Bauten des jungen Baumeisters. Die Fassaden sind nicht nur Fassaden, sondern sie tragen den Charakter der inneren Raumbildung. Die Mauern sind nicht nur Wände und Flächen, sondern sind durch die kubische Gestaltung bedingt. Pohle ringt unermüdlich nach Ausdruck seiner inneren Sehnsucht. Das jeweilige Problem wandelt sich in ihm zum eigenen, wird Anstoß zu künstlerischer Gestaltung und ringt nach Erfassung des Wertes dieser seiner eigenen Konzentration. Wir alle sind solch einer künstlerischen Kraft gegenüber verpflichtet, wir alle fühlen uns in Dankbarkeit gegenüber solch großer Bewegung. Betrachten wir diese Erscheinung in unserer zivilisatorischen Zeit als Nahrungsquelle des Geistes, der in unserer Kultursehnsucht hungern muß. Die Zivilisation ist kunstfeindlich."

Man kann diesen Spiritualisierungsversuch mit seinen völkischen Untertönen nicht unmodifiziert stehen lassen. Zunächst gilt es festzuhalten, daß drei Komplexe in gegenseitiger Wechselwirkung zum Bautyp Hochhaus führen:

a.) die Geschäftskonzentration in der City und die Kapitalkonzentration, die auch zu einer verwaltungstechnischen Konzentration führt.

b.) Bodenmangel, Grundstücksspekulation und technische Möglichkeit zur Errichtung von hohen Bürohäusern führen in gegenseitiger Beeinflussung zwangsweise zum Hochhaus, um die Rendite-Erwartungen zu erfüllen

c.) das Hochhaus wird gleichzeitig zum Träger gesellschaftlicher Ideologie, sowohl unter dem Aspekt der Absicherung als auch dem der Gewinnmaximierung

In eigentümlicher inkonsequenter Mischung amalgamiert Pohles Bau Konstruktion, Expression und Reklame.

25

*Emil Pohle,
Bochum, Lueg-Hochhaus*

VII. Haus Rechen.

Wichtige Architektur-Zeitschriften des Jahres 1925 berichten:
„Die Bochumer Hotel-Bau und Betriebs AG schreibt einen Ideen-Wettbewerb aus zur Erlangung von Vorentwürfen für den Neubau eines Hotels. Zur Teilnahme sind alle reichsdeutschen Architekten berechtigt, die am 1. August 1925 ihren Wohnsitz im Reichsgebiet hatten. Für die Preisverteilung stehen 36.000 Mark zur Verfügung, die wie folgt zur Verteilung gelangen: 10.000, 8.000, 6.000 und 4.000 M., sowie vier Ankäufe zu je 2.000 M. Preisrichter u. a.: Stadtbaurat Diefenbach – Bochum; Städtebaudirektor Elkart – Hannover; Stadtbaudirektor Professor Dr. Hans Grässel – München; Generaldirektor Dipl. Gröppel – Bochum; Professor Dr. Wilhelm Kreis – Düsseldorf; Architekt Otto Rehning – Berlin" (Der Baumeister 23, 1925, Heft 9, Beilage 69). An anderer Stelle werden noch genannt: Regierungsbaumeister a. D. S. Schroeter in Bochum. Und als Ersatzpreisrichter: Stadtbaurat a. D. Kullrich – Dortmund; Professor Georg Metzendorf – Essen" (Zentralblatt der Bauverwaltung 45, 1925, S. 448). Die ausschreibende Gesellschaft hatte sich auf Anregung der Stadtverwaltung aus Kreisen der örtlichen Wirtschaft gebildet.
„Ablieferungstermin Dienstag 1. Dezember 1925. Unterlagen sind gegen Einsendung von 10 M., die bei der Einreichung eines den Wettbewerbsbedingungen entsprechenden Entwurfs zurückerstattet werden, von der Bochumer Hotel-Bau und Betriebs AG Bochum, Alleestr. 69 zu beziehen." (Der Baumeister a. a. O.) 255 Entwürfe gingen ein. Nach „Baumeister 3, 1926, S. 41 „253 . . . von denen 249 wettbewerbsfähig waren") Die Jury trat am 14. Januar 1926 zusammen (Zentralblatt, a. a. O., S. 635). Das Preisgericht gelangte einstimmig zu der Ansicht, daß keiner der für eine Auszeichnung vorgesehenen Entwürfe in einer Gesamtleistung mit einem ersten Preise bedacht werden konnte. Auch sah sich das Preisgericht aus demselben Grunde und bei der großen Anzahl ungefähr gleichwertiger Entwürfe veranlaßt, die Anzahl der zu verteilenden Preise zu vermehren." (Bauwarte, 8, 1926, S. 81).
„Unter Berücksichtigung der guten Einpassung des Gebäudes in das Straßenbild, der Lösung der Raumgestaltung und Anordnung von Gesellschaftsräumen, Sitzungs- und Gastzimmern, sowie der lückenlosen Zusammenstellung und guten wirtschaftstechnischen Anordnung der für den Hotelbetrieb erforderlichen Geschäfts-, Betriebs- und Wirtschaftsräume wurden mit einem zweiten Preis von 6500 R.M. ausgezeichnet:
a) der Entwurf Nr. 98. Kennwort: Westfalenhof. Verfasser Architekten B.D.A. Fritz Fuß und Emil Mewes, Köln;
b) der Entwurf Nr. 97. Kennwort: Neu-Rechen. Verfasser: Architekten B.d.A. Flerus und Kohnert, Dortmund.

Die ausgezeichneten Entwürfe wurden von dem Preisgericht wie folgt beurteilt:

Nr. 98, Kennwort Westfalenhof: Der Grundriß erfüllt im großen und ganzen die gestellten Anforderungen. In der Raumgruppierung zeigt er jedoch verschiedene Vorschläge, die für die Ausführung nicht ganz zweckmäßig sind. So ist z. B. die Lage des Festsaales und seines besonderen Zuganges nicht praktisch. Die Verwaltungsräume im Hauptgang sind nicht ausreichend. Diese Mängel lassen sich aber im Rahmen des Gesamtentwurfes unschwer bessern. Die Anordnung der Obergeschosse ist zweckentsprechend. Die Lage der Küche im Zwischengeschoß ist nicht zu beanstanden. Dagegen wäre eine bessere Verbindung der Küche mit der Zentralanrichte im Erdgeschoß erwünscht. Besonders hervorzuheben ist die glückliche Gestaltung der äußeren Erscheinung des Bauwerkes, das sich als Hotel charakterisiert und in die Umgebung vortrefflich einfügt.

Nr. 87, Kennwort Neu-Rechen: Der Grundriß zeigt eine großzügige Anordnung der Empfangsräume die zusammen mit dem Festsaal für große Veranstaltungen sich in bester Weise eignen. Auch die Anordnung der übrigen Räume ist gut. Die Kochküchenanlage ist zu klein, läßt sich aber leicht vergrößern. Der Bedienungssaal von der Kochküche bis zum Festsaal ist lang, aber noch angängig. Das Äußere ist klar gegliedert, ohne jedoch die künstlerische Wirkung des Entwurfes Nr. 98 zu erreichen. Die vorgesehene Erweiterung durch Aufstockung des mittleren Baukörpers würde die Gruppe schädigen.

Zwei dritte Preise zu je 4500 RM erhielten:
a) Eggeling und Schäfer, Essen und Bochum. Kennwort: Industriehof.
b) Merrill, Leybold und Zingeler in Köln. Kennwort: Bohobag.

Nr. 78, Kennwort Industriehof: Der Grundriß zeigt eine klare geschlossene Anordnung der Haupträume, die sich um einen Mittelhof gruppieren. Die Küche liegt im Untergeschoß mit guter Verbindung zu den Galsträumen. Die Belichtung des Untergeschosses würde gewinnen, wenn der Hof, wie es im Grundriß des Untergeschosses angedeutet ist, so tief angelegt wäre, daß die Anlage von Kellerfenstern ermöglicht wird. Die Lage einiger Sitzungszimmer im 1. Obergeschoß ist angängig. Die Erweiterung ist gut gewährleistet. Für die Gestaltung des Äußeren ist die Variante vorzuziehen.

Nr. 151, Kennwort Bohobag: Der Vorzug dieses Entwurfes liegt in der Anordnung einer großen Terrasse nach der Weiherstraße im Anschluß an die Speisesäle und das Kaffeerestaurant. Auch die Sitzungszimmer, der Festsaal und die Küchenanlage sind gut gruppiert. Die Beschickung der Gasträume von der Kochküche aus ist klar. Durch die Gesamtanordnung wird in den Obergeschossen erreicht, daß kein Hotelzimmer hofwärts liegt. Die Vorzüge des Grundrisses werden aber nur durch eine Überschreitung der baupolizeilich zugelassenen Höhe ermöglicht, ohne besonderen Vorteil für die Baugruppe.

Zwei vierte Preise zu je 3000 RM erhielten:
a) W. Peter in Bochum mit Strunk und We(n)tzler in Dortmund (Lucullus)
b) A. Seyfarth in Gotha
Nr. 82, Kennwort Lucullus: Die Gesamtgrundrißanordnung erfüllt im wesentlichen die gestellten Anforderungen. Insbesondere sind Speisesäle und Kaffeerestaurant gut nach der Weiherstraße um eine dort vorgesehene Terrasse gelagert. Die Helligkeit der Flure in den Obergeschossen läßt zu wünschen übrig. Eingangshalle und anschließender Gesellschaftsraum sind nicht ausreichend. Die Sitzungszimmer sind zu abgelegen. Die Bedienung des Festsaales mit seinen Nebenräumen von der Kochküche aus kann nur durch Überqueren des Wandelganges erfolgen. Es werden daher besser die Sitzungszimmer mit dem Festsaal und seinen Nebenräumen getauscht. Das Äußere des Gebäudes ist klar, wird aber durch die Eckvorbauten beeinträchtigt.
Für je 2000 RM wurden zum Ankauf empfohlen die Entwürfe von
a) Regierungsbaumeister Alfred Daiber in Stuttgart
b) Hans Landgreb in Bochum (Kennwort: Parkhotel)
c) Professor Emil Fahrenkamp. Aachen mit Dipl.-Ing. C. Mataré in Düsseldorf (Kennwort: Hotelgrundriß)
d) Otto Droge, Leipzig (Vgl. Zentralblatt der Bauverwaltung 46, 1926, S. 46)
Der Entwurf des später beauftragten Architekten Fahrenkamp erhielt keinen Preis, wurde aber angekauft. Die Jury sagte darüber:
Nr. 37, Kennwort Parkhotel: Der Verfasser hat den Festsaal an der Weiherstraße angeordnet und das Kaffeerestaurant darüber gelegt. Wirtschaftlich ist die Lage des Kaffees im Obergeschoß nicht vorteilhaft, jedoch gelangt der Verfasser durch diese Lösung zu einer eigenartigen und ansprechenden Baugruppe.
Nr. 80, Kennwort Hotelgrundriß: Der Grundriß erfüllt im wesentlichen die gestellten Anforderungen. Der besondere Eingang zum Festsaal würde besser zwischen diesem und den Sitzungszimmern liegen. Die Lage einzelner Hotelzimmer nach dem Innenhofe, unter dem die Küche liegt, läßt zu wünschen übrig. Sie würde gebessert, wenn der östliche Querbau wegbliebe. Der umbaute Raum ist übermäßig groß. Das Äußere ist schlicht und gefällig.

Am Wettbewerb hatten sich auch u. a. Fritz August Breuhaus und Heinrich Rosskotten beteiligt sowie Regierungsbaumeister Schreib, Köln („Klinker & Stein"), Viktor Franck, Clemens August Westphalen, Köln-Lindental („Freier Blick") und Max Neumann, Chemnitz.
Warum die Ausführung schließlich Fahrenkamp zufiel, konnte nicht ermittelt werden.
Der Baublock von 44 x 70 m umfaßte drei Obergeschosse mit 83 Fremdenzimmern und 3 Wohn- und Appartments mit 95 Betten und 71 Privatbädern.
„Die Grundrisse zeigen die neuzeitliche straffe Durchgliederung des ganzen

Bauorganismus. Der Bau liegt ringsum frei. Die Räume des Erdgeschosses sind um die Hotelhalle als Mittelpunkt konzentrisch angeordnet. Dieser Hauptraum ist durch die Empfangshalle mit dem Eingang verbunden und durch die Tanzdiele mit dem Weinrestaurant." „Die Trennwände zwischen dem Tanzraum und der Gesellschaftshalle sowie zwischen dem Tanzraum und dem Weinrestaurant können im Bedarfsfalle zusammengeklappt und zurückgeschoben werden." „Die umlaufenden Gänge führen zum Festsaal, der gegebenenfalls zu einer Flucht von drei Räumen erweitert werden kann. Die Hauptküchen befinden sich im Untergeschoß. In den Wohngeschossen liegen die Flure am Innenhof, die Gästezimmer an den Aussichtsseiten. An den Ecken der Eingangsfront je ein Appartment. Die meisten Zimmer haben ein eigenes, vom Stichflur aus zugängliches Bad. Die Anordnung des Bades isoliert das Zimmer vom Gang. Einige Zimmer sind unmittelbar durch Türen miteinander verbunden, also nicht über die Vorflure . . ." (Fritz Kunz, Der Hotelbau von heute im In- und Ausland. Organisation, und Gestaltung des modernen Hotelbaus. 2. verb. Aufl. Stuttgart 1937, Reihe: Die Bauaufgaben der Gegenwart, hrsg. v. Herbert Hoffmann, Bd. 1, S. 18 und 76, zahlreiche Abb.)

Über die Ausstattung erfahren wir (August Hoff, Emil Fahrenkamp. Ein Ausschnitt seines Schaffens. Aus den Jahren 1924-27, Stuttgart 1928, S. 96) „Die Empfangshalle hat hellgestrichene Wände mit Marmorsockeln, Marmorfußboden, Holzwerk in kaukasisch Nußbaum; die Vertäfelung der Wände und Decke im Durchgang zur Halle ist kaukasisch Nuß- und Makassar-Ebenholz; die Bezüge der Sitzmöbel in der Halle sind verschiedenfarbig von Grau nach Braun abgetönt. Die Vertäfelung des Café-Restaurants ist Gabun mit elfenbeinfarbenem Schleiflack, in Lese- und Schreibzimmer Lärchenholz. Die Vorhänge in den Gesellschafts- und Sitzungs-Räumen sind handgewebt, vorwiegend hellbeige bis dunkelbraun . . . Besondere Vorräume, geräumige Garderoben und Toiletten ermöglichen eine vollständige Trennung der Gesellschafts-Räume von dem sonstigen Restaurations- und Hotelbetrieb. Für die Damen wurde ein besonderer Frisier- und Ruheraum eingerichtet, für die Herren ein geräumiger Frisiersalon. Ein großer Ausstellungs-Raum an der Haupt-Treppe im ersten Obergeschoß, gut beleuchtet, in lichten Farben gestrichen, bietet den reisenden Hotelgästen Gelegenheit, ihre Ware dem Kunden bequem vorzuführen . . . Als Trennwände zwischen nebeneinanderliegenden Hotelzimmern wurden Doppel-Schwemmsteinwände mit Torffüllung ausgeführt mit doppelten, innen gepolsterten Verbindungstüren. Von dem Hotelflur sind sämtliche Zimmer durch einen kleinen Vorflur, von dem auch das Bad zugänglich ist, getrennt . . . Die Küche mit Nebenräumen ist in das Untergeschoß gelegt . . . der Wandteppich im Frühstückszimmer von Professor Max Clarenbach – Düsseldorf; der reizvolle Bild-Teppich in der Nische der Hotelhalle: ‚Das alte Haus Rechen' von Werner Peiner – Düsseldorf, und das große photographische Luftbild des ganzen Ruhrgebiets, das

Fräulein Schubert – Düsseldorf in eine sinnfällige, farbenreiche Landkarte verwandelt . . . die ‚Deutsche Holzkunstwerkstätte' Johannes Andresen AG Bremen; Gebr. Schoeller-Düren lieferten Teppiche und Läufer; die Handweberei Hohenhagen Polster- und Dekorationsstoffe; von der Firma L. A. Riedinger – Augsburg sind die Beleuchtungskörper." (Weitgehend übereinstimmender Text bei Parkhotel ‚Haus Rechen' in Bochum, in: Deutsche Bauzeitung, Berlin 1930, S. 6-13)
(Weitere Literatur: Wettbewerbsentwürfe für einen Hotelneubau in Bochum, in: Wasmuths Monatshefte für Baukunst Jg. 10, 1926, S. 458-460; Bauwarte 1926, Nr. 1, S. 78-82; Parkhotel Haus Rechen Bochum, in: Bauwelt 1930, H. 2, S. 1-12; Innendekoration 41, 1930, S. 62 ff.; Wasmuths Lexikon der Baukunst, Bd. 2, Berlin 1930, S. 416; Hermann Gescheid, Neuzeitliche Hotels und Krankenhäuser, Ausgeführte Bauten, 2. ver. Aufl. Berlin Charlottenburg o. J., S. 38-41; Handbuch der Architektur IV, 4. H. 1, Karl Wilhelm Just, Hotels Restaurants, 3. Aufl., Leipzig 1933, Abb. 124-129).

26
*Emil Fahrenkamp und C. Matare
Entwurf für Bochum,
Hotel Haus Rechen
(Wasm. Monatsh. 10, 1926, S. 458)*

27
*Emil Fahrenkamp, Bochum,
Hotel Haus Rechen*

28
Fritz Fuß und Emil Mewes,
Entwurf für Bochum,
Hotel Haus Rechen
(Wasm. Monatsh. 10, 1926, S. 458)

29

Flerus und Konert,
Entwurf für Bochum,
Hotel Haus Rechen
(Wasm. Monatsh. 10, 1926, S. 458)

30
Hans Sandgrebe,
Entwurf für Bochum,
Hotel Haus Rechen
(Wasm. Monatsh. 10, 1926, S. 458)

31
Fritz August Breuhaus und
Heinrich Rosskotten,
Entwurf für Bochum,
Hotel Haus Rechen
(Wasm. Monatsh. 10, 1926, S. 459)

32
Max Neumann,
Entwurf für Bochum,
Hotel Haus Rechen

VIII. Das Paul-Gerhardt-Haus.

Der wohl interessanteste Bau des Konstruktivismus ist das Paul-Gerhardt-Haus der Evangelischen Petri-Gemeinde in Wiemelhausen. Errichtet von den Architekten Drüen, BDA und dessen Schwiegersohn Revermann, D.W.B wurde das Haus am 20. Juli 1930 eingeweiht. Es umfaßte Räumlichkeiten für Gemeindeversammlungen, kirchliches Vereinsleben, Jugendarbeit, Küster- und Schwesterwohnung. Der Festsaal ließ ,,mannigfache Verwendung zu, da außer einer nach Laienspielgrundsätzen eingerichteten Bühne, die zugleich als Musikpodium genügend Raum" bot, ,,Turngeräte unsichtbar eingebaut sind und eine Filmkammer Lichtbildvorführungen" ermöglichte. ,,Ein Vorbau links der Friedrich-Harkort-Straße mit besonderem Zugang und durch Schiebetüren mit dem Hauptsaal verbunden, soll ... einen Kindergarten aufnehmen. Dem Hauptsaal vorgelagert sind im Erd- und ersten Obergeschoß zwei mittelgroße Säle, die den einzelnen Vereinen und Chören als Arbeitsräume dienen. Im Erdgeschoß ist außerdem für die seit mehreren Jahren bestehende Handarbeitsschule der Gemeinde ein Nähsaal vorhanden. Im ersten Obergeschoß befinden sich ferner ein Sitzungs- bzw. Lesezimmer mit Gemeindebücherei, ein Jugendgruppenzimmer und ein Gemeindebüro... Im vorgebauten Wohnhaus am Kühneplatz wohnt im Erdgeschoß der Küster und Hausmeister. Das Obergeschoß nimmt eine Schwesternstation auf, die für vier Diakonissen vorgesehen ist. Eine dritte Wohnung im zweiten Obergeschoß des Hauptgebäudes ist vermietet. Im Kellergeschoß sind neben den Toilettenräumen, den notwendigen Haushaltungs- und Heizungskellern noch Brause- und Wannenbäder zur allgemeinen Benutzung untergebracht." (Weihe des Paul-Gerhardt-Gemeindehauses an der Petrikirche, in: Bochumer Anzeiger 19. 7. 1930, vgl. auch A.R., Schönheit der Formen, ein moderner Bochumer Neubau, in: Bochumer Anzeiger 20. Juni 1930; Weihe des Paul-Gerhardt-Hauses, 1 Beilage zum Bochumer Anzeiger und General-Anzeiger 21. Juli 1930; Paul Gerhardt gab dem Haus seinen Namen, in: Stadtteil-Zeitung für den Bochumer Süden, 170, Freitag 25. Juli 1980). Der Gedanke eines Gemeindehauses war am 10. Oktober 1927 in einer Presbyteriumssitzung besprochen worden (Protokollbuch im Pfarrarchiv, S. 240) ,,Am 15. 2. 1928 bildete das Presbyterium eine Kommission um Vorbereitung von Bauplänen zu Gemeindehäusern für Petri – wie für Melanchton-Kirche aus je 3 Mitgliedern beider Gemeinden: Benannt wurden die Herren Schmale, Gerhardt, Pfarrer Althüser, Scheuser, Philipp und Pfarrer Reckert. Später erweiterte man um Niedermeier, Engelbert, Brune und Lenzer. Die Baukommission unterstützte diesen Plan (14. 3. 28, S. 249) und setzte am 28. 3. für die Gemeindehausbauten an der Melanchthonkirche 160.000, für die an der Petrikirche 130.000 Mark fest (a. a. O.). Am 2. Mai 28 (S. 251) wird notiert:" Ein von Herrn Stadtbaumeister Kirn angefertigter Entwurf

ergibt die Möglichkeit, auf dem Melanchthon Grundstück ein entsprechendes Gebäude aufzuführen. Die Baukosten sind auf 224.000 M. berechnet."
Am 21. September 1928 wird eingetragen (S. 266-267): „Pastor Reckert wird beauftragt, mit 3 Architekten über die Ausführung eines Vorprojektes mit Kostenüberschlag für ein Gemeindehaus mit Pfarrhaus zu verhandeln, die Baukosten für das Gemeindehaus ausschließlich Pfarrhaus sollen bis zu 150.000 M. betragen. An Honorar wird 1.500-2.000 M. bewilligt... Pastor Althüser wird beauftragt, in gleicher Weise für das Grundstück an der Melanchthon (Kirche) ein Vorprojekt herstellen zu lassen. Es dürfen 2.000-2.500 M. dafür verwandt werden. Es wird für das Gebäude 250.000 M. in Aussicht genomen ... Als Architekt für das Petriprojekt werden Holzapfel, Drüen und Kirchmeier gewählt und für das Melanchthonprojekt Stommel, Schmiedeknecht und Hilgemann. Am 16. 2. 1929 waren folgende Baupläne eingegangen: (S. 282-283) Für das Melanchthonhaus Entwürfe von Schmiedeknecht, Stommel, Holzapfel, Hoffmann und Hilgemann („Von einigen Herren Architekten sind 2 Pläne vorgelegt): für das Petrihaus von Drüen, Stommel, Holzapfel und Kirchmeier." Die Baukommission entschied sich einstimmig für das Projekt von Drüen und Revermann. Am 10. 4. wurde für das Melanchthonhaus Stommel benannt. Das Presbyterium erteilt den Auftrag an Drüen und Revermann am 29. 4. (S. 289). Der Eintrag zum 18. Juni lautet (S. 298) „Presbyt. billigt die Baupläne des Gemeindehauses an der Petrikirche einstimmig und beschließt gleichfalls einstimmig, sie dem Stadtbauamt zur Genehmigung einzureichen. Presbyt. ist mit dem Kostenvoranschlag des Petrigemeindehauses einschl. der 3 Wohnungen 182.000 Mk. einschließlich zu erwartender Hauszinssteuer – einstimmig einverstanden." Am 24. Juli 1929 lesen wir (S. 333) „Der stellv. Vorsitzende teilt über die weiteren Vorarbeiten der Baukommission Abt. Melanchthon mit, daß das Melanchthon-Projekt den Dispens für die Fluchtlinienüberschreitung und auch der übrigen bis auf kleine Änderungen der Stadtverwaltung und des Ruhrsiedlungsverbandes erhalten hat. Wenngleich die amtlichen Mitteilungen noch nicht eingelaufen sind und das ganz definitive Projekt noch nicht fertiggestellt werden konnte." ... Am 12. 11. 29 schließlich werden die Kosten für das Paul-Gerhardt-Haus auf insgesamt 223.000 M., die für das Melanchthonhaus-Projekt auf 270.000 M. erhöht."
1936 erschien in der Zeitschrift „Deutsche Bauhütte" unter dem Titel „Architektur, autogen geschweißt" eine anonyme Polemik, die nahezu alle Tropoi nationalsozialistischer Aversion gegen moderne Architektur enthält und die wir deshalb reproduzieren.
„Es lag ... nahe, auch kirchliche Gebäude für Gemeindeberatungen und Vorführungen, für Kleinkinder-Bewahranstalten ... einem neuen Gesetzbefehl zu unterstellen. Dieser wurde das ‚Gesetz der gemeindemäßigen Zweckhaftigkeit' genannt. Neben den vielen Erscheinungen der versunkenen parlamentarischen Demokratie gab es eine Menge von Parallel-Erscheinungen,

in denen auch funkelnagelneue Thesen für Kirchen- und Gemeindebauten aufgestellt wurden... Die Gemeindehäuser haben uns in bescheidenen Formen zuerst die Amerikaner vorgemacht. Dieses Gebäude wurde bei der Einweihung als ‚vollkommen systematisch' gerühmt; das war der Lobspruch der Systemzeit. Junge geistliche Bauherren der Mode-Richtung wollten, daß ein solches Haus mit voller Brust ‚Grundsätzlichkeit' atmen sollte. So kamen jene Diktate für die Architekten zustande, deren Auftraggeber beim Entwurfsbild die Erkenntnis für den Ablauf einer Baumode fehlte. Solche Mode galt als künstlerisch. Es muß gesagt werden, daß in einem solchen Werke kühnes Planwollen und der Geist technischer ‚Montage' vollkommen gewahrt ist. Bauteile sind fix ineinandergefügt, jeder ist von einer vermessenen Selbständigkeit, und das Ganze erscheint wie fabelhaft autogen geschweißt. Dagegen ist die eigentlich verpflichtende Sache der Beziehung zum inneren Bauzwecke mißverstanden, und so erscheinen dann alle derartigen Gebäude schon nach kurzer Zeit im Ganzen als ein steckengebliebener Zustand, der den Weg nicht mehr erkennen läßt... Am Rande der Erörterung über die deutsche Baukunst der Zukunft melden sich in der letzten Zeit schon wieder ähnliche Formen-Wünsche. Deshalb müssen unabhängig von der Anerkennung der Gewandtheit des Architekten solche Beispiele dazu dienen, um vor der Weiterbeschreitung dieses Kunstweges zu warnen. Nicht jedermann – und namentlich die Laienwelt – vermag zu erkennen, daß dieser Weg zur Pflege der architektonischen Unwahrheit und zur städtebaulichen Sünde führt. Nicht jeder kennt vorher das Schicksal der Experimentierkunst, die die Architektur zum aufdringlichen Getöse macht. Solches Leben im Bau gibt sich bald aus; was zurückbleibt, ist ein zementierter Irrtum, ein Zeugnis der Verkennung der deutschen Aufgabe der Baukunst, ein Verlieren an Elemente, die volks- und rassefremd sind... Es ist auch verständlich, daß manche Geistliche bei solchen Bauaufgaben als besonderes Arbeitsziel eine Geltendmachung vor der Öffentlichkeit sehen. Was aber gebietet der völkische Aufstieg? Nun, daß aller agitierende Betrieb nicht mit Hilfe der Architektur das deutsche Volk verärgert. Das kann man an solchen Beispielen erkennen... Man hat so oft auf das Ornament geschimpft, aber ist es etwas Besseres, wenn ein religiöses Gebäude eine quergestellte überhängende Kommandobrücke erhält, die dann an der Lee- oder Luvseite durch eine auswechselbare Kreuzstange geschmückt wird? Echtes Zeichen der Zeit, ein mächtiges Symbol des Christentums, heute ein ausgeackter Zierat. Bei den kräftigen, ausladenden Gesimsen und Bändern befriedigt der Abschluß des Hauptschiffes auch nicht. Der stufenweise Aufbau zur Kommandobrücke folgt einer inneren Zweckbestimmung. Eine Zeitlang wollten echte Sachlichkeits-Fanatiker mit ausladenden Gesimsen für die Bauten Gürtelbänder schaffen. Hier soll der vortretende Mauerkörper bei einseitigem Sonnenlauf an der Längsseite die Wirkung der Sonnenbestrahlung nach innen verhindern. Achtung vor solchem Willen; das ist nur bautechnisch kostspielig. – Mehr noch war das flache Dach zum Glaubenssatz geworden. Es dauerte, bis die unheimlichen Reparaturkosten der May-Bauten in Frankfurt und der Weißenhof-Siedlung zeigten, was eine derart geschaffene Dachwanne nachher an Erneuerungen verlangt. Bei solchen Versuchen nach gestriger Richtung dachte man beinahe überall nicht daran, daß zwei Fallrohre die Entwässerung auch bei starkem Dauerregen bewirken sollen. So bleibt denn auch die mit Spießleiste ausgebildete Traufe der langgestreckten Wandelhalle eigentümlich, die keinen sichtbaren Abfluß hat und schon nach einem Jahre die feuchten Gesimsflächen zeigt. Es ist ja gewiß Gewohnheit in orientalischen Bezirken, wo der Regen eine Seltenheit ist, die Einwirkung des Wassers zu verachten. Aus dieser Ferne stammt die Meinung, am Baue auf den Spritzsockel verzichten zu können, nun bei vorhandenem Trauf-Pflaster macht sich die steigende Feuchte bei uns schnell bemerkbar. Die Brüstungsabdeckung des Hauptschiffes in Metall ist handwerksgerecht, gut-eckig abgekantet. Wir alle haben manche Ideen kommen sehen, wie durch Kunst im äußeren Raumaufbau die Zweckbestimmung verschleiert wird, so daß es nicht zuviel gesagt ist, wenn ein solches Gebäude in seiner äußeren Form gleichzeitig ein Sporthaus, einen Saalbau für Tanzfeste, aber auch eine orientalische Zigarettenfabrik vorstellen kann. Die helleuchtende, saubere Putzausführung ist zu loben. Der scharfe Wille, in der Durchführung etwas Eigenartiges zu schaffen, ist nicht zu verkennen. Die ganze Anlage ist also eine Sonderaufgabe, der künstlerische Absicht und Selbstbehauptung nicht abzusprechen ist, und doch ist der Gesamt-Eindruck fremd, unbewußt dem deutschen Empfinden widersprechend".

33
Drüen und Revermann,
Bochum-Wiemelhausen,
Paul-Gerhardt-Haus

IX. Die Kommunalbank (Stadtsparkasse).

Die ehemalige Kommunalbank, heutige Stadtsparkasse, ging aus einem Wettbewerb hervor, in dem Wilhelm Kreis den ersten Preis erhielt. Sein früherer Schüler Bernhard Wielers übernahm die örtliche Leitung. Die Raumausstattung lag in den Händen von Ringel.
„Bei der Betrachtung dieses Bauwerks überrascht in erster Linie die monumentale ernsthafte Strenge der äußeren Erscheinung, die, so will es scheinen, zu asketischer Einfachheit getrieben, kaum mehr überbietbar erscheint. Und doch scheint diese Fassade zu leben; klingt doch aus ihr die Symbolik einer Zeit, die hart und unerbittlich zum Selbstzweck wird. Der Neubau der Kommunalbank wurde im ältesten Stadtteil Bochums errichtet. Kleine ein- und zweigeschossige Fachwerkhäuser mußten ihm zum Opfer fallen. Was heute noch in unmittelbarer Nähe steht und als sichtbares Zeichen einer vergangenen Epoche bürgerlicher Handwerkskunst zu werten ist, wird morgen schon einem neuen und stärkeren Willen Platz machen müssen.
Das Bauwerk steht an einem Brennpunkt des Verkehrs, der sich mit der Sanierung der Altstadt noch mehr verstärken wird . . .
Und doch liegt in dieser einfachen Ecklösung ein starkes künstlerisches Verantwortungsgefühl, das es fertig brachte, auf jegliches Beiwerk zu verzichten, um alles der großen kubischen Idee unterzuordnen . . .
Die flächige Außenhaut wird nur durch die bündig liegenden Fenster belebt und verliert durch diese maßstäbliche Verkleinerung das Überdimensionale der riesigen Quaderflächen, die wiederum ihren Abschluß unter dem anderthalb Meter breiten Dachgesims finden . . . Die Bughöhe der Portalfront beträgt 30 m. Jede der Seitenfronten mißt 55 m . . . Den Angelpunkt der zweiflügeligen Anlage bildet das Haupttreppenhaus, das in geistvoller Art den bikonvexen Schwung der Außenfront diametral in dem bikonkaven Spiralschwung der Treppenläufe wiederkehren läßt. Auch hier ist dem echten Material des Wand- und Stufenbelages zuliebe auf eine ornamentale Ausschmückung verzichtet". (Der Neubau der Bochumer Kommunalbank AG in Bochum, in: Deutsche Bauhütte 33, 1929, S. 380; vgl. Wasmuths Monatshefte für Baukunst 13, 1929).

34

*Wilhelm Kreis, Bochum,
Ehem. Kommunalbank*

X. Das Rathaus.

Im Zentralblatt der Bauverwaltung 32, 1912, S. 687 findet sich folgende Ausschreibung: „Preisbewerbung für Entwürfe zu einem Rathaus und einem Saalbau in Bochum, ausgeschrieben vom dortigen Magistrat unter deutschen Architekten mit Frist 1. Juni 1913. Für die Preisverteilung stehen 25.000 Mark zur Verfügung in fünf Preisen von 10.000, 6.000, 4.000, 3.000 und 2.000 Mark; zwei bis drei weitere Entwürfe können zu je 1.000 Mark angekauft werden. Dem Preisgericht gehören u. a. an: die Professoren E. Högg in Dresden; Architekt Professor Fr. Pützer in Darmstadt; Stadtbaurat Knipping; Stadtrat Baumeister Rosenstein; Stadtverordneter Baumeister Berndt; als Vertreter: Königlicher Baurat Knullrich in Dortmund; Stadtbaurat Kiehl beim Zweckverband Großberlin. An anderer Stelle (Deutsche Konkurrenzen 30, 1913/14, Heft 351, S. 2) werden noch genannt: Oberbürgermeister Graff, Stadtrat Kommerzienrat Korte, Stadtverordnetenvorsteher Justizrat Dr. Roemer."

Zur Darstellung des Entwurfs werden verlangt (Deutsche Konkurrenzen a. a. O.):
a) der gelieferte Lageplan 1 : 500
b) die Grundrisse sämtlicher Geschosse 1 : 200
c) die zur Klarstellung des Entwurfs nötigen Schnitte 1 : 200
d) sämtliche Ansichten von den Straßen her 1 : 200
e) eine perspektivische Ansicht von einem Punkte der im Lageplan mit P-Q bezeichneten Linie aus. Die Bildebene ist hierbei durch den Punkt R zu legen. In der im Punkt R errichteten Senkrechten sind die Höhen 1 : 100 aufzutragen.
f) ein kurzer Erläuterungsbericht
g) ein prüfungsfähiger Kostenüberschlag. Der Berechnung der Baukosten ist der Kubikinhalt des unverbauten Raumes, von den Kellerfußböden bis Oberkante des Hauptgesimses gemessen und der Einheitspreis von 25,– Mark für den Kubikmeter für alle Teile des Rathauses und von 23,– Mark für alle Teile des Saalbaues zu Grunde zu legen. Das Preisgericht hat bei der Beurteilung mit zu berücksichtigen, ob der Entwurf für die angegebenen Einheitspreise ausführbar ist. Die Kosten der gesamten Anlage, ausschließlich Inventar, besonderem künstlerischen Schmuck im Inneren und der Hofbefestigung sollen für das Rathaus den Betrag von 1.800.000 Mark, für den Saalbau einen solchen von 500.000 Mark nicht überschreiten.

Auf Anraten des Preisgerichts kann der Magistrat zwei bis drei weitere Entwürfe zu je 1.000 Mark ankaufen.

Sollten zwei oder mehr Preise auf eine Persönlichkeit fallen, so wird dem Verfasser nur der höchste der ihm verliehenen Preise voll ausgezahlt, die weiteren dagegen nur zur Hälfte. Die hierdurch frei werdende Summe wird alsdann für Ankäufe zu je 1.000 Mark verwandt.

Die Entwürfe können ganz oder teilweise für die Ausführung verwendet werden.

Der Magistrat behält sich sowohl wegen der späteren künstlerischen Bearbeitung des Entwurfs für die Bauausführung, wie auch die Bauleitung jede Entschließung vor, er kann sowohl einen preisgekrönten oder angekauften Entwurf, gegebenenfalls mit entsprechenden Änderungen, der weiteren Bearbeitung zu Grunde legen und den Bau hiernach selbst ausführen lassen, oder er kann die Aufstellung eines gänzlich neuen Entwurfes beschließen oder einen der Entwurfsverfasser mit der weiteren Bearbeitung betrauen...

Aus den besonderen Bestimmungen... Die im Lageplan eingezeichneten Baufluchtlinien können beliebig nach dem Inneren des Grundstücks zu geändert werden, jedenfalls ist auf den starken Straßenverkehr in der Alleestraße und der Mühlenstraße Rücksicht zu nehmen... Es muß... neben der Möglichkeit, die alten Gebäude während der Bauzeit weiter zu benutzen, auch die Möglichkeit einer über derzeitigen Raumbedarf hinausgehenden späteren Erweiterung gegeben sein, welche in der Lagezeichnung punktiert darzustellen ist. Hierbei ist zu berücksichtigen, daß bei verschiedenen Dienststellen, z. B. den Kassen, eine spätere Erweiterung naturgemäß nur im direkten Anschluß an die von Anfang an vorgesehenen Räume möglich ist, unter Umständen unter späterer Verschiebung anderer Dienststellen. Für den ersten Ausbau ist jedoch die Vollendung der an der Straße liegenden Fassaden erwünscht.

Der Saalbau ist in zweckmäßiger Lage auf dem Baugrundstück so anzuordnen, daß er auch getrennt vom Rathaus früher oder später als dieses errichtet werden kann...

Das Rathaus darf außer Sockel- und Erdgeschoß drei Obergeschosse und ein ganz oder teilweise ausgebautes Dachgeschoß erhalten. Erwünscht ist naturgemäß Rücksichtnahme auf die Breite der angrenzenden Straßen. Die Wahl des Baustils bleibt dem Architekten überlassen. Es wird aber betont, daß das Rathaus als Wahrzeichen einer aufstrebenden modernen Industrie-Großstadt zu gelten hat. Mit Rücksicht auf die gebotene Sparsamkeit ist überflüssiger Prunk zu vermeiden, aber eine würdige Ausgestaltung sowohl bezüglich der Architekturformen, als der zur Verwendung kommenden Baustoffe anzustreben.

Als Material für die Außenarchitektur wird in erster Linie der im Idustriebezirk gebrochene Ruhrkohlensandstein empfohlen; doch wird dazu bemerkt, daß derselbe eine außerordentlich bunte Farbe besitzt und hauptsächlich für bossierte Bauteile' geeignet erscheint, während fein profilierte Bauteile aus einem anderen Material hergestellt werden müssen.

Für den Sockel wird Granit oder ein anderes hartes Gestein empfohlen. Durch diese Vorschläge sollen jedoch andere für den Industriebezirk geeignete Gesteinssorten nicht ausgeschlossen sein.

Das Rathaus und der Saalbau sollen eine einheitliche künstlerische Baugruppe bilden, jedes Bauwerk für sich aber auch äußerlich die Zweckbestimmung voll zur Geltung bringen.
Die Anordnung eines Rathausturmes wird nicht zur Bedingung gemacht, sofern der Charakter des Bauwerkes auch auf andere Weise wirkungsvoll zum Ausdruck gebracht wird. Jedenfalls ist die Nähe des Turmes der Christuskirche in Berechnung zu ziehen.
Auf einen günstigen Anschluß an die auf den anschließenden Nachbargrundstücken vorhandenen Bauten ist Rücksicht zu nehmen... Bei der Grundrißgestaltung ist nach Möglichkeit die in der nachfolgenden Übersicht des Raumbedürfnisses für die einzelnen Verwaltungszweige angegebene Lage zu berücksichtigen.
... Für die normalen Büroräume soll die Tiefe etwa 5 - 6 m betragen.
Die Sparkasse und der Ratskeller sollen ihre Eingänge an gut in die Augen fallenden Stellen erhalten, erstere möglichst an der Alleestraße.
Der Sitzungssaal der Stadtverordneten, sowie die Sitzungszimmer des Magistrats und der Kommissionen sollen eine möglichst zweckmäßige, erstere auch eine im Äußeren betonte Lage erhalten.
In den Größen der einzelnen im folgenden Verzeichnis des Raumbedarfs angegebenen Räume sind Abzweigungen in der Grundfläche bis 10% nach beiden Seiten zulässig. Jedoch darf die Gesamtfläche bei den einzelnen Verwaltungszweigen nicht erheblich abzweigen.
Es gibt eine detaillierte Aufstellung des Raumbedarfs. ,,Derzeitiger Raumbedarf (für die nächsten 10 Jahre). Später hinzutretender Raumbedarf.... S. 6, ,,Saalbau."
a) Hauptsaal ohne Orchesterraum etwa 800 qm groß für Festlichkeiten und Konzerte, Vorträge usw.
b) In Verbindung mit dem Hauptsaal ein großer Orchesterraum, auf dem außer dem Dirigenten und den Solisten 70 Musikanten und 180 Personen des Chors Platz finden können. Die Orchesterbühne muß so eingerichtet sein, daß ihre Vergrößerung auf 250 Personen des Chores möglich ist. Ferner ist die nötige Platzfläche für die Aufstellung eines großen Konzertflügels und einer Orgel vorzusehen.
c) Eine oder mehrere Emporen von ca. 250 qm Fläche ...
Das Zentralblatt der Bauverwaltung Band 33, 1913, S. 391 meldet: ,,Das Preisgericht (das am 18. Juli 1913 zusammentrat) hat die ausgesetzten fünf Preise in zwei Preise von je 8.000 Mark und drei Preise von je 3.000 Mark geteilt und die beiden Preise von je 8.000 Mark zuerkannt:
Oberbaurat Professor Dr. Hermann Billing/Karlsruhe (Nr. 101) ,,Mit Turm" und Architekt Carl F. W. Leonardt (24. 8. 1881 - 16. 5. 1918) und Blattner in Frankfurt a. M. (Nr. 88 ,,Svastika")
die drei Preise von je 3.000 Mark:

Architekten Jürgensen und Bachmann in Charlottenburg („Richtpunkt", nach Deutsche Konk. S. 8 aber „Ein Rathaus")
Architekten Köhler und Kranz in Charlottenburg („Ein Rathaus der Neuzeit, nach Deutsche Konk. S. 8 aber „Richtpunkt")
und Architekt Diplomingenieur Ernst Prinz in Kiel („Monumentale Axe"). Die drei Entwürfe der Architekten Krämer und Herold in Düsseldorf („Bergmannslied"), Heinrich Hansen in Kiel („Glückauf") und Alois Beck in Offenbach/M. („Platzwirkung") hat der Magistrat angekauft. In ehrenvoller Weise erwähnt wurden: „Hammer" von Casper Lennartz, Architekt in Frankfurt, „Platzablösung" von Hans Jods, Architekt in Charlottenburg und „Das hohe Lied" von Spritzner, Architekt in Berlin-Schöneberg." Ein weiterer Teilnehmer war K. Siebrecht. Die eingereichten 115 Entwürfe werden in der Turnhalle der städtischen Volksschule an der Ecke Hofsteder und Feldsieper Straße in Bochum vom 27. Juli bis 5. August d. J. einschließlich ausgestellt sein." Ein Teil der Entwürfe wurde in „Deutsche Konkurrenzen 30, 1913/14, Heft 351, S. 1-135 publiziert. Das Preisgericht veröffentlichte folgende Gutachten:

Nr. 43 „**Richtpunkt**". (Jürgensen und Bachmann oder Köhler und Krauz) „Die Saalanlage nebst Garderoben und Nebensaal ist gut gelöst. Ebenso ist die Lage der Vorfahrt an einer platzartigen Ausweitung zu loben. Der Grundriß des Rathauses zeigt guten Zusammenhang und auch nach der Errichtung der Erweiterung eine klare Gestalt. Im zweiten Obergeschoß würden die Aufzüge die Gangflucht sperren. Die in die Alleestraße vorgebaute freie Treppe ist unstatthaft. Im Äußeren zeigt der Entwurf eine einfache, gute Massenwirkung, die von einem schlichten, kräftigen und an richtiger Stelle stehenden Turm wirkungsvoll gekrönt wird.

Nr. 46 „**Bergmannslied**". (Krämer und Herold, Düsseldorf) „Der Grundriß ist von anerkennenswerter Klarheit und nutzt die Baustelle sehr gut aus. Der für die Erweiterung vorgesehene Teil kann zunächst in bester Weise als Restaurationsgarten verwendet werden. An der Alleestraße verbleibt ein wirkungsvoller Vorhof, der gegen die Straßenkreuzung durch einen freistehenden, im Zielpunkt der Allee- und Viktoriastraße liegenden Turm in eigenartiger Weise abgeschlossen wird. Die Vorfahrt für den Saal ragt zu weit in die Straße hinein. Auch sonst besitzt die im übrigen gute Saalanlage einige kleine Mängel. Die architektonische Durchbildung zeigt Mängel und ist nicht ausgeglichen, so daß die einfache Massengliederung des Gebäudes nicht recht zum Ausdruck kommt."

Nr. 55 „**Hammer**". (Casper Lennartz, Frankfurt) „Der Grundriß des Rathauses ist wohl sehr übersichtlich und einfach, es entspricht jedoch die Raumgröße nicht überall dem Programm. An der Steuerkasse fehlen rd. 100 qm, auch ist die Lage der Zimmerflucht an der Nachbargrenze (Westseite) sowohl beim Hauptbau wie bei der Erweiterung zu tadeln. Der Stadtverordnetensitzungssaal hat eine ungünstige Form. Im Erdgeschoß sind die Wände etwas gewaltsam verschoben. Die Garderobenanlage des Saalbaues ist nicht ganz einwandfrei, sie könnte leicht verbessert werden. Der Nebensaal liegt nicht besonders günstig. Für die Anfahrt ist ein ausreichender Vorplatz vorgesehen. Das Äußere wirkt würdig und großzügig."

Nr. 67 „**Glückauf**". (Heinrich Hansen, Kiel) Der Saalbau ist in einer Weise an die linke Nachbargrenze gerückt, die nicht praktisch durchführbar und auch nicht durch eingreifende Änderungen zu verbessern ist. Der Zugang zum Saalbau unmittelbar von der Alleestraße aus ist verkehrstechnisch bedenklich. Der Restaurationshof, an sich ein glücklicher Gedanke, wird infolge seiner langgestreckten Form doch kaum ein behaglicher Sitzplatz werden. Es kommt hinzu, daß er sich unmittelbar vor den Bureauräumen hinzieht. Die Einrichtung der Garderoben bedarf der Verbesserung, was jedoch bei den zur Verfügung stehenden Räumen unschwer zu erzielen ist. Ein großer Teil der Bureauräumlichkeiten im Untergeschoß am Hofe entlang liegt hinter den Arkaden und ist somit ungenügend belichtet. Der vom städtebau-künstlerischen Standpunkt mit Überragung angeordnete Ausbau an der rechten Ecke entbehrt nicht des Reizes, gibt aber doch wegen der dadurch geschaffenen Einengung des Staßenbildes zu Bedenken Anlaß. Die gesamte Anordnung des von zwei großen Höfen aus belichteten Rathausgrundrisses ist klar und übersichtlich, Zugänge und Treppen liegen bequem. Zu beanstanden ist, daß ca. 160 qm der verlangten Steuerräume fehlen. Sehr zu loben ist der geschlossene, wirksame Charakter der Architektur. Der Turm gefällt namentlich in seiner Stellung an der Mühlenstraße, wo selbst er das schöngruppierte Bild wuchtig krönt".

Nr. 78 „**Ein Rathaus der Neuzeit**". (Jürgensen und Bachmann oder Köhler und Kunze) „Glücklich ist die Gruppierung der einzelnen Säle in dem vorderen rechten Flügel, zugleich in angenehmer Verbindung mit den Festräumen und dem Wirtschaftsraum. Zu loben ist auch die Form der anschließenden Rathaustreppenhalle. Der ganze Grundriß des Rathauses ist klar und übersichtlich. Nicht ganz unbedenklich an den inneren Organismus schließt sich die Ecke mit den Lesezimmern an, doch läßt sich dies beseitigen. Der Sparkassenraum ist bei einer Tiefe von annähernd 19 m nicht genügend zu durchleuchten. Der Eingang zum Saalbau von der schmalen Mühlenstraße aus ist unvermittelt und verkehrstechnisch ungenügend. Die Architektur gibt den Eindruck eines monumentalen Verwaltungsgebäudes aufs beste wieder und läßt auch die Dreiteilung im Äußeren klar erkennen. Der etwas ungewöhnlich breitgezogene Turm würde trotzdem als Wahrzeichen der Stadt an dieser bedeutenden Stelle des Stadtbildes namentlich dann eine gute Wirkung erwarten lassen, wenn man die Laterne fortfallen ließe".

Nr. 81 „**Monumentale Axe**". (Ernst Prinz, Kiel) „Die Grundrißgestaltung strebt in großzügiger Weise eine monumentale Hauptachse an, die durch die

Hauptsäle und ein monumentales Treppenhaus gelegt ist. Die Durchführung dieses Gedankens bringt einige Nachteile mit sich, so z. B. die Zugänglichkeit zum Hauptsaal nur unmittelbar am Podium, da die beiden Treppen auf der anderen Stirnseite des Saales mit dem Rathausbetriebe zusammenhängen und für den Saal selbst nur ausnahmsweise zur Verfügung stehen würden. Zu loben ist die Lage der beiden Nebensäle, der große Vorraum und die stattliche Treppenanlage im allgemeinen. Die Zugänge sowohl zum Saale als auch zum Rathaus liegen günstig. Als erheblicher Mangel ist zu bezeichnen, daß das Zimmer des Oberbürgermeisters nebst den unmittelbar dazugehörigen Kanzleiräumen ganz abgetrennt im linken Flügel des Gebäudes angehängt und in dieser Stellung schwer auffindbar ist. Die an sich sehr rassige und eigenartige Architektur hat doch einen zu ausgesprochen oberitalienischen Lokalton bekommen, als daß er für Westfalen geeignet erschiene. Zu loben ist die Stellung des Turmes und seine sonst wirkungsvolle Silhouette".

Nr. 88 **"Svastika"**. (Leonardt und Blattner, Frankfurt) Die platzartige Erweiterung an der Mühlenstraße scheint eine besonders glückliche städtebaulich Lösung zu sein. Der Saalbau hat Eingänge von zwei Seiten, die aber doch vorteilhafterweise durch eine Anfahrt an der Südseite ergänzt werden dürfte. Diese wäre zweckmäßig dadurch zu erzielen, daß man an dem Verbindungsstück zwischen Rathaus und Saalbau eine Vorfahrt errichtet. Die Anordnung der Räume, die ganze Durchbildung der Grundrisse ist im übrigen einwandfrei. Die sehr ruhige und geschlossene Architektur befriedigt in hohem Grade und der eigenartige, turmartige Dachreiter verspricht eine sehr vorteilhafte Wirkung.

Zum Entwurf Carl F. W. Leonardts (24. 8. 1881-16. 5. 1918) schreibt Fritz Rupp in der Norddeutsche(n) Bauzeitung 14, 1910, S. 315 ff. (Baukünstlerische Arbeiten des Architekten C. F. W. Leonardt, B. D. A., Frankfurt a. Main). „Einer der stärksten Vorzüge des Leonardt-Blattnerschen Entwurfes stellt die Plananlage dar. Das hat auch das Preisgericht erkannt und die platzartige Erweiterung an der Mühlenstraße eine ‚besonders glückliche städtebauliche Lösung' genannt. Es hat aber meines Erachtens nicht bemerkt, wie die feinsinnige axiale Anordnung nicht allein eine weit vorteilhaftere monumentale Ausbildung der Fassade gestattet, sondern auch eine in die Augen stechende praktische Anordnung der Verwaltungsräume zuläßt . . . Nur wenn der große Festsaal mit seinen zahlreichen Nebenräumen als ein Baublock für sich bestehen bleibt, wird der Grundriß in seiner Raumaufteilung eine wirklich befriedigende Lösung bieten. Dieser klare Gedanke ist auch von anderen Wettbewerbern fruktiziert worden; keiner jedoch hatte ihn städtebaulich auszunützen verstanden, wie es von Leonardt und Blattner geschehen ist. Und das gerade ist für Bochum von besonderem Interesse, für jenen gewaltigen Industrieort, dessen rascher Aufschwung die Entwicklung einer ‚schönen' Stadt aufgehalten hat. Hier fehlt ein monumentales Bauwerk,

das in breit hingelagerter Wuchtigkeit Zeugnis ablegt für die wirtschaftliche Bedeutung von Bochum. Eine solche Lösung bot sich nur dann, wenn man die Hauptfassade an dem längeren Straßenzug errichtete. Es sind daher städtebaulich alle Entwürfe abzulehnen, die sich durch die größere Verkehrsstraße irremachen ließen und das Schwergewicht nach der kürzeren Straßenfront verlegten. Wollte man in Bochum ganze Arbeit machen, so mußte man die nach der Kirche hin angrenzenden Grundstücke noch dazu erwerben. Alsdann hätte sich in der Hauptverkehrsstraße eine wahrhaft monumentale Fassade herstellen lassen und kein Gebilde wie der Billingsche Entwurf, der trotz reizvoller Einzelheiten und harmonischer Abmessungen durchaus keinen einheitlichen Eindruck hinterläßt. Um so wirkungsvoller ist die straffe Geschlossenheit der ruhigen Außenarchitektur in dem Entwurfe von Leonardt-Blattner. Durch die vorgesehene Platzanlage ist nicht allein der rechte Abstand des Kernbaues zur Umgebung gewonnen, es ist auch Raum geschaffen für eine perspektivische Wirkung der Hauptfassade, die in ihrer großartigen Einfachheit, in der feinsinnigen Aufteilung der Geschoßhöhen mit dem originellen turmartigen Dachaufsatz in der Tat geeignet ist, ein ‚Wahrzeichen' der werktätigen Industriestadt zu sein.
Betrachten wir die klare und übersichtliche Grundrißaufteilung selbst, so beweist die Konstruktion der Ratsdiele mit der anschließenden Hauptkasse den praktisch geschulten Sinn der Verfasser.
Ganz abgesehen davon, daß hierdurch der Haupteingang eine seiner Bedeutung angemessene Ausgestaltung erfährt, wird auch für die Anlage des Treppenaufganges die Möglichkeit einer reizvollen Durchbildung gegeben. Stärker noch im Interesse einer praktischen Lösung des Grundrisses fällt die einbündige Anordnung der Korridore um zwei kleine Lichthöfe ins Auge. Lange Laufgänge sind schon mit Rücksicht auf eine rasche und zuverlässige Orientierungsmöglichkeit nicht anzuraten, ganz abgesehen von der Monotonie der räumlichen Anlage, die hier durchaus nichts mit der Übersichtlichkeit zu tun hat. Sehr befriedigt auch der kleine Verbindungsbau zwischen dem eigentlichen Rathaus und dem Saalbau, der gewiß keine bessere Verwendung hätte finden können denn als Zugang zu dem Standesamt. Als Forum der Saalanlage wurde in Übereinstimmung mit fast sämtlichen Entwürfen das Rechteck gewählt, und das will mir im Hinblick auf die hier abzuhaltenden Feste ratsamer erscheinen als der ovale Grundriß von Billing.
Faßt man aber den ganzen Entwurf erst nach Grund- und Aufriß zusammen, so nimmt man nicht ohne Erstaunen war, wie ein Geist der Harmonie das Ganze durchzieht, wie die Größenverhältnisse nirgends zur Erzielung billiger Augenblickserfolge überschritten sind, wie vielmehr Rücksicht darauf genommen wurde, ein Denkmal zu errichten, das, von der Zweckmäßigkeit ausgehend, in der Absicht entworfen wurde, vor allem den gegebenen Verhältnissen Rechnung zu tragen und den neuen Baublock sich organisch aus

dem vorhandenen Stadtbild heraus entwickeln zu lassen. Mag sich auch hier und dort die Notwendigkeit belangloser Abänderungen ergeben – so wünscht zum Beispiel das Schiedsgericht die Anbringung einer Wagenauffahrt seitwärts des Festsaalgebäudes, die ich nicht billigen kann – an dem Entwurfe selbst sollte so wenig wie möglich gerüttelt werden, da er seiner ganzen Beschaffenheit nach das Ergebnis einer intuitiven Erfassung der baukünstlerischen Erfordernisse ist. Fritz Rupp".

Nr. 100 „**Platzwirkung**". (Alois Beck, Offenbach) „Der Grundriß zeigt eine vorzügliche Gesamtanordnung bei bester Ausnutzung des gegebenen Bauplatzes unter besonderer Berücksichtigung des bestehenden Rathauses und der Ausführung in zwei Abschnitten. Die Grundrißform des Steuerbureaus ist in dieser Form nicht ausführbar. Leider steht das Äußere nicht auf gleicher Höhe".

Nr. 101 „**Mit Turm**". (Hermann Billing) „Der Grundriß sieht in der vorderen rechten Ecke als selbständig dem Rathause vorgelagerten Bauteil den Saalbau vor. Der eigentliche Rathausbau zieht sich im Winkel um den Saalbau herum. Zunächst zwingt der große Hof des Rathauses zu unverhältnismäßig langen Korridorwegen, doch wird dieser Nachteil beseitigt, sobald die beiden Ergänzungsflügel eingebaut sind. Alsdann wird dem Bilde eine vollständig klare und zweckmäßige Grundrißaufteilung gegeben sein. Die Gruppierung wie die Einzeldurchbildung der Räume ist sorgfältig durchdacht, einwandfrei und zeigt besonders freies Empfinden für Raumgestaltung. Auch der Eingang an der Nordostecke ist wertvoll für den Verkehr. In der Außenarchitektur hat es der Verfasser im Gegensatz zu sehr vielen anderen Teilnehmern des Wettbewerbs verstanden, die beherrschende Massenwirkung des Rathausbaues gegenüber dem sich bescheiden unterordnenden Saalbau zu eindrucksvoller Wirkung zu bringen. Die Durchbildung der Architektur im einzelnen zeigt eine reife Beherrschung der vorsichtig angewandten, von selbständiger Auffassung getragenen Architekturmittel. Von den beiden Turmvarianten will die mit der niedrigen Haube mehr befriedigen als die lang in die Höhe gezogene".

Beteiligt war u. a. K. Siebrecht, Hannover. Sein Wettbewerbsentwurf „zeigt im Zuge der Alleestraße einen wirkungsvollen Aufbau, während an der Mühlenstraße Rathaus und Saalbau als zwei gleichwertige Motive sich gegenseitig Konkurrenz machen" (Architekt B.D.A. K. Siebrecht, Hannover: Zur Entwicklung der hannoverschen Architektur, in: Bau-Rundschau, Nr. 5-6, 1915, 11. 2., S. 17 ff., Text S. 22, Abb. S. 21).

In den zwanziger Jahren wurde der Neubau dringlicher denn je. „Der Bauplatz grenzt an drei Seiten an Straßen – Allee-, Mühlen-, Albertstraße – für die neue Baufluchtlinien festgesetzt sind, die jedoch für die Bewerber nicht unbedingt bindend waren. Nur an der vierten Seite wird der Bauplatz von schmalem Baublock begrenzt, der einen Abschluß bildet gegen die dahinter auf einem Platze freistehend errichtete Christuskirche.

Die auf dem Gelände zurzeit vorhandenen Baulichkeiten können sämtlich beseitigt werden, altes Rathaus und Sparkassengebäude jedoch erst nach Schaffung von Ersatz im teilweise ausgeführten Neubau.

Das Raumprogramm entsprach nur dem Bedürfnis der nächsten Zeit. Eine Erweiterung der Büroräume um 75 v.H. sollte möglich sein. Im ganzen waren 329 Einzelräume mit zusammen 12245 qm Fläche ohne die Erweiterung unterzubringen. An größeren Sälen waren vorzusehen: der Stadtverordneten-Sitzungssaal mit 300 qm u. entsprechenden Nebenräumen, das Magistratssitzungszimmer mit 100 qm, ein Ausschuß-Zimmer mit 180 qm Fläche. Eine Ratskellerwirtschaft mit größeren Kellereien und eine Reihe kleinere Wohnungen waren gleichfalls unterzubringen.

Zur Aufnahme dieser Räume durfte das Rathaus außer Kellergeschoß ein Sockel- und Erdgeschoß, sowie drei Obergeschosse und ein ganz oder teilweise ausgebautes Dachgeschoß erhalten. Bei Höherführung einzelner Bauteile war auf die Breite der angrenzenden Straßen entsprechende Rücksicht zu nehmen.

Der Baustil war freigestellt, das Rathaus sollte aber den Charakter einer aufstrebenden modernen Industrie-Großstadt betonen. Überflüssiger Prunk war zwar zu vermeiden, würdige Ausgestaltung sowohl hinsichtlich der Bauformen wie der Baustoffe war jedoch anzustreben. Auf einen günstigen Anschluß an die Nachbargrundstücke der vierten Seite des Baugeländes war Bedacht zu nehmen.

(Wettbewerb für den Neubau des Rathauses in Bochum, in: Deutsche Bauzeitung 60, Nr. Berlin, 13. Januar 1926, Beilage: Wettbewerbe: Baukunst und Schwesterkünste. Schriftleitung. Reg.-Baumeister a. d. Fritz Eiseler, S. 1-8).

Zentralblatt der Bauverwaltung 45, 1925, S. 212-213 heißt es: „Ein Preisausschreiben zur Erlangung von Entwürfen für den Neubau eines Rathauses in Bochum erläßt der Magistrat in Bochum unter allen im Deutschen Reich (einschließlich Danzig) ansässigen, reichsdeutschen Architekten mit Frist bis zum 1. September d. J. Zur Verfügung stehen vier Preise von 20.000, 15.000 und 6.000 M., ferner 9.000 M. für drei Ankäufe zu je 3.000 M. Das Preisrichteramt haben übernommen:

Geheimer Regierungsbaurat Professor Dr. German Bestelmeyer in München; Professor Martin Elsaesser in Köln; Professor Dr. ing. Högg in Dresden; Geheimer Regierungsrat Dr. ing. Muthesius in Berlin; sowie Stadtbaurat Diefenbach, Bochum; Architekt Wilh. Peter, Bochum; Stadtrat Baugewerksmeister Schmale, Bochum; Stadtrat Baugewerksmeister Schrader, Bochum. Hinzuzufügen sind: Oberbürgermeister Dr. Ruer, Bochum; Stadtverordnetenvorsteher Bergwerksdirektor Hilgenstock; Stadtverordneter Redakteur Sommerlad.

A. a. O. heißt es dann: Es sind 252 Entwürfe eingegangen. Das Preisgericht trat am 16 d. M. (November) zusammen, im Anschluß daran findet eine achttägige Ausstellung aller Entwürfe statt. Das Ergebnis wird später bekanntgegeben". Das Preisgericht traf folgende Entscheidung (a. a. O., S. 589): „Es erhielten einen ersten Preis von 18.000 RM die Architekten Regierungsbaumeister R. Meyer und Stadtbaurat Hans Freese in Düsseldorf; einen zweiten Preis von 12.000 RM die Architekten Wilh. Pipping und Dr. ing. William Dunkel in Düsseldorf („Ravenna"); je einen dritten Preis von 7.000 RM Architekt Dipl. ing. Gerhard Graubner in Stuttgart (Ratshof), Architekt Karl Bonatz in Stuttgart („Kassenhallen") und die Architekten Theo Wil(l)kens und Hoffmann in Köln-Bochum („Ratsdiele"). Für je 3.000 RM wurden zum Ankauf empfohlen die Entwürfe der Architekten Wahl und Rödel in Essen („Holt die fast"), des Regierungsbaumeisters Alfred Daiber in Stuttgart („Der Rathausturm") und der Architekten Dipl. ing. Adolf Schuhmacher und Dipl. ing. Gerd Offenberg, Stuttgart („Bochumer Stadtwappen").
Teilgenommen hatten auch: Fritz August Breuhaus und Heinrich Rosskotten, Josef Tiedemann, Berlin; Professor Körner, Essen; Fritz Fuss, Köln; Merrill, Leybold und Ziegler, Köln; Emil Mewes, Köln; Emil Fahrenkamp (August Hoff, Emil Fahrenkamp. Ein Ausschnitt seines Schaffens aus den Jahren 1924-1927, Stuttgart 1928, S. 16 u. 17). Weiterhin: Professor Billing, (Karlsruhe), Professor Roth (Darmstadt), Rudolf Schubert und Josef Hover, (Köln), Georg Schmalz, (Benrath), (Valentin Fuhrmann, Rathauswettbewerb in Bochum, in: Bauwarte Heft 40, 1925, S. 460-462 und Heft 41, S. 472-475).
Zu den ausgezeichneten Entwürfen veröffentlichte das Preisgericht folgende Gutachten (Neubau des Rathauses Bochum, in: Bauamt und Gemeindebau, Hannover 1925, S. 308; auch in: Deutsche Bauzeitung 60, Nr. 4, Berlin 13. Januar 1926, Beilage Wettbewerbe: Baukunst und Schwesterkünste und Baugilde, Berlin 1925, S. 85-88):
Kennwort: **Kreuz-Pfeiler.** 1. Preis.
Der Entwurf zeigt eine sehr überzeugende Massengruppierung. Hinter den niedrig vorgelagerten Flügeln bauen sich die Hauptmassen des Rathauses wirkungsvoll auf und ergeben ein überzeugendes Raumbild von großer Eindringlichkeit. Der Grundriß ist in seinen wichtigen Punkten einwandfrei gelöst und zeigt eine übersichtliche Anordnung der Räume auf Grund der Programmforderungen. Dabei wird jedoch der Einbau des Sparkassenraums in den Vorhof als störend empfunden, man möchte vielmehr hinter den niedrigen Flügeln einen Schmuckhof vermuten, der sich auch unschwer schaffen ließe.
Der Entwurf zeichnet sich vor allen andern durch besonders klare und zielbewußte Charakterisierung aus und ergibt Bilder von großer architektonischer Wirkung.

Die Erweiterungsmöglichkeiten sind gut und berücksichtigen dabei in glücklicher Weise die Beziehungen zur Kirche. Auch kann das alte Rathaus bis zur Fertigstellung des Neubaus erhalten bleiben.

Entwurf. Kennnwort: **Ravenna.** 2. Preis.

Der Grundriß ist unter Berücksichtigung der wünschenswerten Platzgewinnung an der Ecke der Allee- und Mühlenstraße vorteilhaft so angeordnet, daß zugleich das jetzige Rathaus erhalten werden kann, bis der Neubau errichtet ist.

Der Haupteingang liegt so, daß er in das Herz der Anlage führt; der Zugang zum Ratskeller liegt sehr gut an der vorspringenden Ecke an der Mühlenstraße. Auch die Zugänge zur Sparkasse in der Mitte des Alleestraßen-Baukörpers sowie zur Stadthauptkasse in der Mitte des Mühlenstraßen-Bauglieds sind geschickt angelegt. Für beide Kassenräume sind zwei der Höfe ausgenutzt. Unter dem dritten Hof liegt, von den notwendigen Neben- und Wirtschaftsräumen gut umgeben, der große Ratskeller. Von guten Abmessungen mit zweckentsprechender Beleuchtung, erfüllt dieser außerdem die Forderung der ruhigen Lage. Die Verkehrswege sind ausgezeichnet, mit durchweg einwandfrei beleuchteten Korridoren angelegt. Das Raumprogramm ist in allen Teilen gut erfüllt.

Die Baumassen sind durch Herausheben eines höheren Hauptbaukörpers wirkungsvoll gegliedert. Ein turmartiger, wenig kostspieliger Aufbau deutet den Rathauscharakter gut an. Die Außenseiten sind in Klinkermauerwerk gedacht und tragen dem Ortscharakter dadurch geschickt Rechnung.

Die Erweiterungsfähigkeit ist gewahrt, doch hat der Verfasser davon abgesehen, die schwierige Frage der Abgrenzung der Rathausmassen gegen den Kirchplatz zu erwägen.

Entwurf. Kennwort: **Der Ratshof.** Ein dritter Preis.

An der Alleestraße wird die vorgesehene Baufluchtlinie benutzt. Hingegen bleibt an der Mühlenstraße ein schöne Freifläche liegen. Wünschenswert wäre eine Zurücklegung des Baukörpers an der Alleestraße gewesen. Der vorgesehene Ratshof ist gut. Zu bemängeln ist der schmale Zugang zu ihm. Es fehlt ein direkter Ausgang bzw. Durchgang zur Albertstraße. Der vorgesehene Umgang ist nicht glücklich. Die Räume im Erdgeschoß liegen zweckentsprechend. Der besondere Zugang an der Mühlenstraße zu den Kassenräumen ist gut. Die Obergeschosse sind im allgemeinen geschickt angelegt. Die Flure haben durchweg gute Beleuchtung. Der Sitzungssaal liegt jedoch im zweiten Obergeschoß zu hoch. Er kann aber ohne weiteres in das erste Geschoß verlegt werden. Auch wäre eine Querlegung desselben der besseren Beleuchtung wegen vorteilhafter. Der ganze Aufbau der Massen ist gut und der Rathauscharakter gewahrt. Das alte Rathaus kann zum größten Teil benutzt werden, bis die Gesamtanlage fertig ist. Gewünschte Erweiterungsmöglichkeit ist vorhanden.

Entwurf. Kennwort: **Kassenhallen.** Ein dritter Preis.
Der Entwurf zeigt eine schöne Gruppierung der Baumassen, trifft den Rathauscharakter gut und erfüllt im allgemeinen die städtebaulichen Bedürfnisse. Das Gelände ist etwas vorgebaut und läßt wenig freien Straßenplatz, doch bietet ein schöner Laubengang als Verbreiterung des Bürgersteiges einen gewissen Ausgleich. Architektureinzelheiten sind etwas unsicher und teilweise romantisch.
Der Grundriß ist übersichtlich und klar gestaltet. Er zeichnet sich durch weiträumige Vorplätze und schöne und praktische Anordnung, insbesondere der großen Säle, aus. Einzelheiten des Grundrisses sind verbesserungsbedürftig. Der Entwurf gibt gute Erweiterungsmöglichkeiten, läßt aber die Beziehung zur Kirche unberücksichtigt.
Entwurf. Kennwort: **Ratsdiele.** Ein dritter Preis.
Der Verfasser schafft einen geräumigen Rathausplatz von wuchtiger Wirkung, der zugleich die vorläufige Erhaltung des alten Rathauses ermöglicht. Weniger glücklich gelöst erscheint der Baulinienvorschlag an der Kirche. Die Grundrißanordnungen sind klar, wenngleich die Belichtung der Mittelflure nicht überall ausreicht. Der für die „Ratsdiele" gewählte Typus eignet sich mehr für ein Warenhaus, hat aber den Vorzug großer Uebersichtlichkeit. Die Lage des Sitzungssaales gerade an der verkehrsreichen Alleestraße erscheint nicht erwünscht; seine Belichtung ist indes wohl überlegt.
In der architektonischen Behandlung gelingt dem Verfasser eine außerordentlich straffe Formensprache von großer Sicherheit; Die Auflösung der Baumassen durch das reizvoll gegliederte Obergeschoß ist besonders gut gelungen. Ob der Turm gerade an der richtigen Stelle eingegliedert ist, mag dahingestellt bleiben. Jedenfalls hat der Verfasser es erreicht, dem Charakter des Rathauses einer sich rastlos entwickelnden Industriestadt in seinem Entwurf einen guten Ausdruck zu verleihen.
Entwurf. Kennwort: **Holt die fast.** Ein Ankauf.
Die Grundrißgestaltung kann im großen und ganzen als gelungen bezeichnet werden. Die Schaffung des freien Platzes an der Alleestraße entspricht dem Verkehrsbedürfnis und gibt die Möglichkeit, die vorhandenen Gebäude bis zur Errichtung des Neubaues stehen zu lassen. Der Stadtverordneten-Sitzungssaal liegt verhältnismäßig gut; zugehörige Nebenräume müßten anders angeordnet werden. Der Magistratssitzungssaal liegt wenig günstig. Das Raumprogramm ist erfüllt.
Dagegen erscheint die Erweiterung durch Aufstockung des Baukörpers an der Mühlenstraße in dem vorgeschriebenen Umfang von 75 % kaum gewährleistet.
Die Architektur hat manches Ansprechende, kann aber nicht voll befriedigen. Die Pfeiler und die hohe Wand nach der Alleestraße zu erscheinen zu massig.

Der Laubengang an der Mühlenstraße kann gefällig und reizvoll wirken, bedarf aber dann einer bessern Ausbildung als der Verfasser vorgesehen. Das Preisgericht hat lediglich mit Rücksicht auf den gelungenen Grundriß den Ankauf des Entwurfs empfohlen.
Entwurf. Kennwort: „**Der Rathausturm**" Ein Ankauf.
Die Arbeit verdankt den Ankaufsvorschlag der künstlerisch feinfühligen Eingliederung des Bauwerks in das Stadtbild, wobei Blicke von starkem, malerischem Reiz entstehen. Dabei ist dem Verfasser mit den bescheidensten architektonischen Mitteln ein Entwurf von ausgesprochenem Rathauscharakter geglückt. Hierzu trägt auch der wohlabgewogene Rathausplatz bei, der die einstweilige Belassung des alten Rathauses ermöglicht. Angenehm berührt die angedeutete einfache architektonische Behandlung. Leider weist der Grundriß nicht unerhebliche Mängel auf. Die Belichtung der Mittelflure ist für ein Haus mit Publikumsverkehr nicht ausreichend. Andrerseits sind manche Fluranlagen verschwenderisch und haben übertriebene Lichtzuführung. Auch die Belichtung des Sitzungssaales ist nicht besonders günstig; seine Ueberbauung ist nur durch aufwändige konstruktive Maßnahmen möglich. Auch an den Kassentischen der Steuer- und Stadthauptkasse ist mangelhafte Belichtung.
Entwurf. Kennwort: „**Bochumer Stadtwappen.**" Ein Einkauf.
Der Entwurf zeichnet sich durch gute städtebauliche Anordnung aus. Die Dominante quer zur Alleestraße ist besonders schön. Der Rathauscharakter ist im allgemeinen gut getroffen. Dabei ergeben sich reizvolle Straßenbilder. Einzelheiten erscheinen etwas romantisch und im Stil nicht einheitlich. Der Grundriß ist im ganzen brauchbar, läßt aber doch Klarheit und Uebersichtlichkeit vermissen. Insbesondere ist die Lage und Anordnung der Säle nicht einwandfrei. Bemerkenswert sind architektonische Einzelheiten von feiner Empfindung. Die Erweiterungsmöglichkeit im Dachgeschoß erscheint nicht ganz praktisch.
Das Preisgericht empfiehlt auf Grund dieser Entscheidung, den Verfasser des mit dem 1. Preis ausgezeichneten Entwurfs „Kreuz-Pfeiler" zur weiteren Bearbeitung und Ausführung des Baus heranzuziehen."
Valentin Fuhrmann kritisiert in der „Bauwarte" die Entscheidung des Preisgerichts zu den Entwürfen „Ratshof" und „Kassenhalle". „Wir wollen kein Pamphlete gegen Entwürfe schreiben, doch dieser Rathauscharakter mag in Süddeutschland noch Geltung haben, doch nicht in einer Stadt, die wie Bochum im Herzen der gewaltigsten Industrialisierung liegt, die einem Menschentypus zustrebt, der in absehbarer Zeit schon jeder Lokalenge entwachsen ist" (S. 473). „Wir wissen nicht, welchen Entwurf wir dem ersten Preis voranzustellen hätten. Doch bewerten wir das Ergebnis im ideellen Sinn, außerhalb der Preisfrage, also im Rahmen der baukünstlerischen Entwicklung, sind wir unzufrieden. Für die Entwicklung aus der

städtebaulichen Lage und der tektonischen Behandlung der Massen erscheint er großzügig und einwandfrei. Ausgehend von einer Querlage des mittleren Bautraktes zur Allee und Albertstraße stehen der baulichen Entwicklung nach der Tiefe des Grundstücks wie der Höhe des freien Raumes denkbar sinnvollste Möglichkeiten zur Verfügung. Vom Kellergeschoß bis zum siebten Obergeschoß bleibt der mittlere Bautrakt der Leib der Anlage. Jeder weitere Flügel, der sich daransetzt und die Basis des Gebäudes verbreitert, hat durch ihn zentrale räumliche Führung, wie er für die Raumumgebung Halt und Mittelpunkt wird. Dies wirkt sich auch im Grundriß aus. Die Flure betonen in den einzelnen Geschossen dieselben Ruhepunkte (Erweiterungen) und stehen in einem unmittelbaren und geraden Verhältnis zur Raumorientierung. Die Lichthöfe sitzen leicht in den Geschossen und verschieben den Mittelpunkt der Anlage nicht. Die eigentlichen Turmgeschosse werden ebenso zwecklich begründet wie für das Auge als organische Fortsetzung der Gesamtstruktur empfunden. Die städtebaulichen Momente des Verkehrs, der Straßensituation und der Raumgebung erscheinen in dem Entwurf als sekundäre Ausgangspunkte, da sie durch selbstverständliche Lösung an dem Entwurf teilnehmen. Das Projekt nähert sich so einem architektonischen und städtebaulichen Gestaltungsbegriff, bei dem die Bestimmung der Teilmotive einem umfassenden Raumgefühl unterliegt. Diese Wesenheiten einer Architektur lassen sich bei den anderen Entwürfen nicht mit gleicher Leichtigkeit nachweisen, da die Gestaltung des Geländes mit Berücksichtigung städtebaulicher Tatsachen noch als gefährliche Aufgabe erscheint.

Anders dagegen die architektonische Formbestimmung! Es sollte scheinen, daß bei dem ersten Preis die Architektur eine von innen leicht zu bestimmende sei. Doch der Flügel an der Mühlenstraße legt in einer nicht wünschenswerten Form ab. Dasselbe gilt für den vorgelagerten kleinen Flügel, für die Durchbildung der architektonischen Einzelheiten. An ihm schwindet wieder der klare Begriff moderner Architektur und löst sich die Einheit, die Raumgefühl und Form verbinden soll... Im Vergleich zum ersten Preis tritt der architektonisch treffliche Entwurf des Architekten Professor Körner zurück, denkt man an den inneren Aufbau, die Grundstruktur einer baulichen Aufgabe. Der Lichthof liegt zu absperrend im Grundriß und verhindert eine Raumentwicklung, die den Turm organisch und aus notwendiger Bewegung herausfordern müßte. Hierdurch wechselt der Eindruck von außen gegen innen. Der Entwurf ist eines der vielen Beispiele, um nach der tieferen Begründung im Preisrichterurteil zu fragen.

Um auf die innigen Zusammenhänge zwischen der stadtbaulichen und grundrißlichen Gestaltung tiefer hinzuweisen, seien die Entwürfe des Architekten Fritz Fuß und der Architekten Schubert und Hover erwähnt. Architekt Fuß gewinnt durch den leichten Turm sehr günstige Straßenbilder und Wirkungen der Kontur, die aber den Grundriß ungünstig beeinflussen. Schon im dritten

Obergeschoß vereinsamt der Flügel an der Alleestraße gegenüber dem Hauptausgang der Haupttreppe.
Der Entwurf der Architekten Schubert und Hover dagegen verliert durch die formale logische Strenge des Grundrisses die Kraft, einen lebendigen Ausdruck zurückzugewinnen. Hier versagt die Tektonik des Aufbaus durch die Schwere der Grundrisse. Der Entwurf stand in engster Wahl.
Der Entwurf der Architekten Merrill und Leybold zeigt eine empfundene Raumführung an der Alleestraße, doch sperrt die Entwicklung des Grundrisses die Möglichkeit, der späteren Gesamtanlage durch entsprechend betonten Aufbau Ausdruck zu geben".
Keiner der Preisträger konnte die Ausführung übernehmen. Stattdessen kam mit Karl (eigentlich Wilh. K. Heinr.) Roth (17. 8. 1875 Mannheim - 9. 2. 1932 ebda) ein erfahrener Rathausbaumeister zum Zuge, er hatte die Bauten in Dresden (1905/10), Kassel (1905/9), Barmen (vollendet 1922) errichtet. Die Stadtverwaltung hatte Roth und Billing beauftragt "Entwürfe gegen ein besonderes Honorar von je 1000 M. außer Konkurrenz einzureichen. Das Preisgericht nahm damals aus unerklärten Gründen davon Abstand, diese beiden Entwürfe einer Beurteilung und Kritik zu unterziehen" (A. Winter, Die Bautätigkeit der Stadt Bochum und ihre Architekten, in: Westfälische Volkszeitung 28. 4. 1928). Drahtzieher bei der Auftragsvergabe an Roth war wohl Stadtbaumeister Diefenbach, der auf Roth bezogene Anfragen an die Bürgermeister von Barmen und Kassel sowie an den ehemaligen Bochumer Stadtbaurat Knipping richtete (Stadtarchiv D. Bau 35, 1-5). Vor den Stadtverordneten sagte Diefenbach am 29. 10. 1926 "Herr Professor Roth... zu einer Arbeit außer Konkurenz miteingeladen, (hat einen) Entwurf eingereicht. Auch dieser war, wie es ja bei einer Vorkonkurrenz nicht anders sein kann, unausgereift und entsprach nicht unseren Erwartungen. Das Bauamt hat dann den aufgehängten Entwurf seinerseits ausgearbeitet und der Magistrat hat dann Herrn Professor Roth... mit der Aufstellung des Ausführungsentwurfs beauftragt" (Stadtarchiv D. Bau 29). – Diefenbachs ästhetische Anschauungen werden in einem Schriftsatz vom 14. Mai 1927 faßbar: "Die Architektur der preisgekrönten Entwürfe hatte ,zeitlichen' Charakter, das will sagen, daß sie der Hauptrichtung unserer augenblicklichen Baukunstauffassung entsprachen. Es gibt eine Geschichte des Baustils und es gibt eine Geschichte der Rathausbauten... Auch unser zeitiger Stil, wenn man von einem solchen sprechen darf, ist unreif und wird in wenigen Jahrzehnten abgetan sein... Zweckmäßig, mit schönen Linien und edlem Material erbaut, wird ein Großbau nie mißfallen" (Stadtarchiv D. Bau 29). – Diefenbachs Haltung und das Verfahren traf auf scharfe Kritik (vgl. H., Das Bochumer Rathaus, in: Bauwarte Nr. 48, 1926, S. 850).
Wasmuths Monatshefte für Baukunst (11, 1927, S. 88-89) charakterisieren: "Gegenüber den preisgekrönten Wettbewerbsentwürfen zeigt der... eine

starke Betonung regelmäßiger Gestaltung in Grund- und Aufriß. Unter Verzicht auf ‚malerische' Massengruppierung ist in dem unregelmäßigen Bauplatz ein in der Hauptsache streng symmetrischer Grundriß mit klarer Raumverteilung eingefügt. Allerdings sind gegenüber dem im Wettbewerb als Bauplatz gegebenen Gelände Teile der angrenzenden Kirchengrundstücke mit einbezogen... Somit besteht für den Ausführungsentwurf nicht mehr die erschwerende westliche alte Grundstücksgrenze mit ihrem mehrfach gebrochenen Verlauf. So wird die zweiseitige Beleuchtung aller Gebäudeflügel und deren Anordnung um einen einzigen großen Innenhof möglich. Er wird von dem Sitzungssaal im besonderen Flügel eindrucksvoll beherrscht. Der schon im Wettbewerb geforderte Erweiterungsbau ist nicht mehr auf den ursprünglichen Bauplatz angewiesen, sondern in der Hauptsache auf die westlichen Nachbargrundstücke verlegt. Durch diese Änderungen des Bauprogramms wurde die Betonung der Hauptachse und die symmetrische Entwicklung des Hauptgebäudes erst ermöglicht."

Paul Küppers zitiert einen interessanten, ideologisch gefärbten Text unklarer Herkunft (Paul Küppers, Rathausbilder, Erinnerungen eines Altstädters, Bochum 1927, S. 3): „Die Stadt, in der die Schwerindustrie ihre Heimat hat, wo alles dem Rhythmus der Arbeit unterliegt, kann nun ein Rathaus haben, das in seiner Grundauffassung und in seinem Aufbau klar, zweckmäßig, bestimmt und zielbewußt sich darstellt. Daher der Aufbau auf einem ewigen deutschen Granitsockel aus fein scharierten Muschelkalkquadern, die der säurehaltigen Luft keinen Angriff bieten. Daher auch Bronze, Kupfer und Schiefer als die widerstandsfähigsten Außenbaumaterialien, die wir kennen. Andererseits im Innern des Rathauses schönste und zweckmäßigste Baumaterialien unserer Zeit: deutscher Marmor und festeste deutsche Edelhölzer, fugen- und geräuschlose Fußböden."

Roths eigener Kommentar lautet:

„Seine Grundrißentwicklung geschieht, nach Abklinkung eines Vorplatzes an der Bochumer Hauptverkehrsader in rein symmetrisch geordneter Weise. Die führende Idee zeigt sich in der Betonung eines großen, abseits des Straßenverkehrs entwickelten und den Innenverkehr zwangläufig vermittelnden Innenhofes. Dieser Innenhof ist mit drei Doppelachsen vom Platz aus zugänglich und hat, nachdem schon in den Durchgängen der Verkehr nach den Haupteingängen abgezweigt wurde, die Verkehrsvermittlung zu den wichtigsten Kassen und zu den anderen Treppenhäusern zu übernehmen. In der Symmetrieachse dieses Ratshofes schiebt sich der Sitzungssaalbau vor, so daß die zwei im Horizont etwas gehobenen Nebenhöfe entstehen. Der an der vorplatzartigen Straßenerweiterung gelegene Hauptbau enthält im ersten und zweiten Obergeschoß jeweils an einer großen Halle liegend die wichtigsten Dezernentenräume. Der Bau ist in der Hauptsache als Eisenbetonstützenbau mit auswechselbarer Zwischenteilung zur Ausführung gebracht. Für die

Außen- und Hoffronten kam in Rücksicht auf die Atmosphäre der ausgesprochenen Industriegegend Muschelkalk feinster Körnung zur Anwendung. Der vom Straßenverkehr abziehende Hof erhielt in der Ausstattung seiner Nebenhöfe einen gewissen, den öffentlichen Bau zur Geltung bringenden Aufwand. Die Gestaltung des Inneren sucht Besonderes zu geben in den zwei im Hauptbau gelegenen Hallen mit den anschließenden Räumen der Hauptverwaltung und dann in der Gruppe von Magistrat und Stadtverordnetensitzungssaal mit deren Vorräumen. Auf diesen großen Saal und auf das farbige Bild der Sichtwand desselben drängt die ganze symmetrisch geordnete Entwicklung der gesamten Anlage. Der figürliche Schmuck im Ratshofe stammt von Prof. Langer in Düsseldorf, die sonstige Plastik des Hofes und am Terrassenvorbau des Hauptbaues von Bildhauer Wynandin, Berlin-Wannsee; die zwei Hofbrunnen sind Arbeiten von Prof. Vogel in Berlin. Die plastischen Schmuckteile des Inneren, auch die bronzenen Haupteingangstüren sind Arbeiten von Prof. Varnesi in Frankfurt am Main. Das große Bild der Sichtwand im Stadtverordnetensaal, wie auch aller andere farbige und plastische Schmuck dieses Raumes, ist von Prof. Guhr in Dresden geschaffen. Die örtliche Ausführung des Baues leitete das Bochumer Stadtbauamt unter starker persönlicher Teilnahme des Stadtbaurats Diefenbach. Die engere Bauleitung geschah durch eine besondere Rathausbauleitung unter Stadtbaumeister Spannmacher. Dem entwerfenden Architekten standen bei der Durcharbeitung der Pläne zur Seite die Herren: Reg.-Baumstr. R. Geil, Reg.-Baumstr. Ritterhaus und gegen Ende noch sein Assistent Dr.-Ing. Lieser."
(Das neue Rathaus in Bochum, in: Deutsche Bauzeitung 65, 1931, S. 517-523; vgl. auch L. H., Nochmals das Bochumer Rathaus, in: Bauwarte Nr. 49, 1926, S. 869-872).
Interessant ist eine anonyme Stellungnahme in der Zeitschrift: Bauamt und Gemeindebau 13, 1931, S. 176-178:
Der Baucharakter des Werkes berücksichtigt im weiten Maße solche städtebauliche Wünsche, die sich aus der Platzwahl ergaben. Die derart bedingte Form des Baukörpers veranlaßte den Architekten, die Außenseite schlicht und ohne besonders dekorative Beigaben zu gestalten. Die Portalanlage und der zweistöckige erkerartige Vorbau an der rechten Front sind die einzigen Fassadenschmuckelemente. Im übrigen hat der Architekt sich mit schmückenden Bauelementen auf den Innenhof beschränkt, der als Ehrenhof architektonisch sorgfältig durchdacht und mit Plastiken ausgestattet ist. Die innere Ausgestaltung des Rathauses folgt in Aufteilung und Grundriß zunächst rein verwaltungstechnischen Gesichtspunkten, ist einfach, zweckmäßig und wesensentsprechend. Dabei ist überall gesorgt, daß durch die Ausstattung, die Wahl der Hölzer und Farben ein abwechslungsreiches und harmonisches Innenbild entsteht.
In den Räumen der leitenden städtischen Beamten, in den Sitzungssälen der

Stadtverordneten und des Magistrats sowie in den Haupttreppenhäusern ist dem Gedanken der Repräsentation Genüge geschehen durch weiträumige Anlagen und liebevolle Durchbildung der Einzelheiten sind hier formschöne Innenräume entstanden.

Das Rathaus enthält auf 5000 qm Fläche etwa 600 Räume. Die Bausumme beläuft sich auf 9.250.000 RM. Es wurden ausschließlich deutsche Materialien verwendet. Wie bei jedem Rathausbau, hat sich auch hier die Öffentlichkeit stark damit beschäftigt: Stimmen des Lobes und solche des Tadels sind zu Worte gekommen; die sich, abgesehen von denen, die fragen, ob man es in unserer Zeit verantworten könne, zehn Millionen für ein Rathaus aufzuwenden, begreiflich mit der äußeren Gestaltung des Bauwerkes auseinandersetzen. Manchen ist die Fassade „allzu monoton", anderen ist sie „zu konventionell" und einigen „zeitrückständig"; andere Stimmen bemängeln das Steildach oder die Fenstereinteilung usw. Der Architekt, der heute einen Repräsentationsbau, wie ein großstädtisches Rathaus, zu bauen hat, ist wirklich in einer schwierigen Lage. Daß das Rathaus – als ein wesentlicher Zug im Gesicht einer Stadt – nicht nach der Art schnell vergänglicher Mode aufgemacht sein darf, ist klar. Solche Mode könnte ja schon bei der nächsten Stadtverordnetenwahl ihren offiziellen Rückhalt verlieren. Dann wären die Stadtväter vielleicht gezwungen, ihre Arbeit zum Wohle der Allgemeinheit in einem Bau zu vollbringen, der täglich die größten Herausforderungen an ihren Geschmack und ihre Überzeugung stellt. Das moderne Rathaus – einst gehütetes Amtshaus – ist zum großen Bürohaus geworden. Daß hierbei die Gefahr einer gewissen Monotonie entsteht, ist nicht von der Hand zu weisen. Vielleicht trägt im vorliegenden Fall das Steildach zu dieser Wirkung bei, denn bei einem Bau dieser Höhe und Breite ist es schwer, dem Dach die nötige organische Verbindung mit dem Baukörper zu geben. Trotzdem ist es dem Architekten gelungen, durch die Wahl des Materials und durch die Sicherheit bei der Gestaltung der Einzelheiten im ganzen ein Bauwerk zu schaffen, das sich repräsentativ dem Stadtbilde einfügt, städtebaulich große Vorteile hat und dank seiner Abstandnahme von modischen Zutaten auch in Zukunft seinen ästhetischen Wert beweisen wird. (Vgl. z.B. auch: Kommunale Luxusbauten, in: Deutsche Bergwerkszeitung vom 25. 11. 1926, Nr. 276; Korruption auch um das Bochumer Rathaus? in: Dortmunder Zeitung vom 17. 7. 1930; Preisausschreiben Wie gefällt Ihnen unser neues Rathaus? in: Bochumer Anzeiger Nr. 121, 24. Mai 1930)

Negativer ist der Cicerone (15/16, 1930): „Bochum hat mit dem monumentalen Rathausneubau von Professor Roth alles andere als ein Zukunftslos gezogen. Wer die ästhetischen Wandlungen und Härtungsprozesse Roths kennt, weiß, daß diese Bochumer Architektur mehr einem ästhetischen Können handwerklicher Art als einem schöpferischen architektonischen Persönlichkeitsausdruck entsprungen ist, wofür die Ausdruckslosigkeit in der riesigen Form dieses Rathauses ja auch zeugt".

35
Jürgensen und Bachmann,
Entwurf für Bochum, Rathaus

36
Krämer und Herold,
Entwurf für Bochum, Rathaus

38
Heinrich Hansen,
Entwurf für Bochum, Rathaus

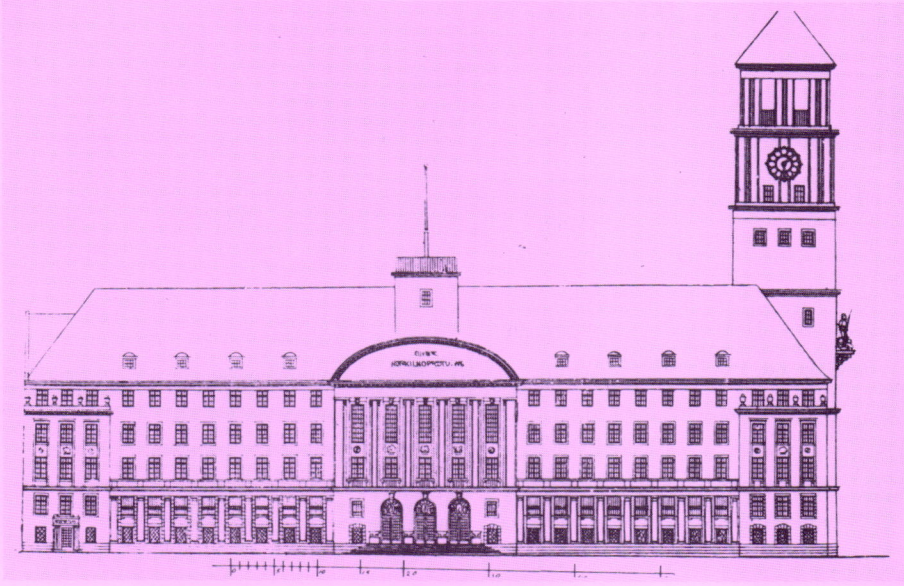

39
Köhler und Kranz,
Entwurf für Bochum, Rathaus

40
Leonardt und Blattner,
Entwurf „Svastika"
für Bochum, Rathaus

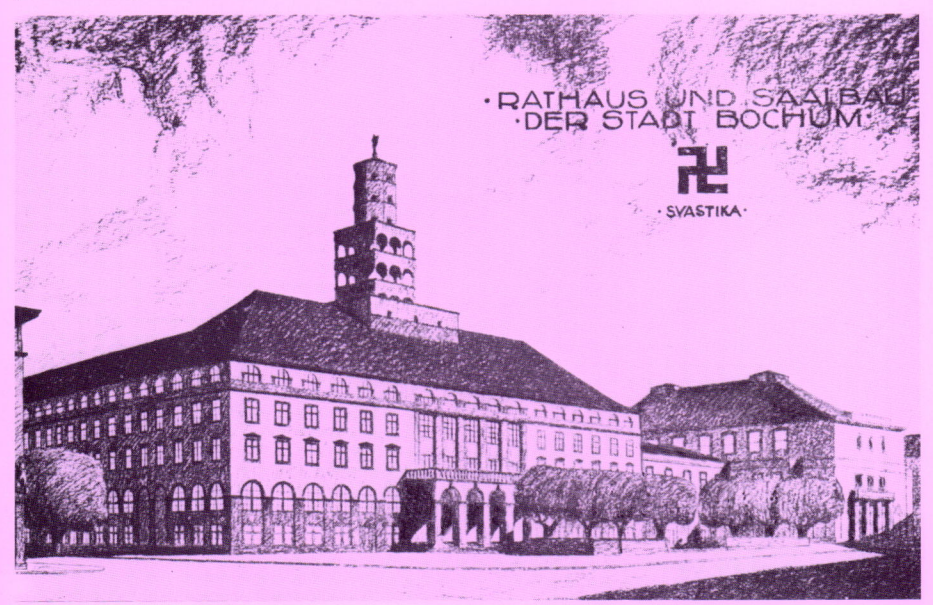

41
H. Billing,
Entwurf für Bochum, Rathaus

42
K. Siebrecht,
Entwurf für Bochum, Rathaus
(Bau-Rundschau 6, 1915, S. 21)

43
Josef Tiedemann,
Entwurf für Bochum, Rathaus
(Wasm. Monatsh. 10, 1926, S. 458)

44
R. Meyer und H. Freese,
Entwurf „Kreuz-Pfeiler"
für Bochum, Rathaus
(Bauztg. 1926)

45
W. Pipping und William Dünkel
Entwurf „Ravenna"
für Bochum, Rathaus
(Bauztg. 60, 1426, S. 4)

46

W. Pipping und William Dünkel,
Entwurf „Ravenna"
für Bochum, Rathaus

47

Gerhard Graubner,
Entwurf „Ratshof"
für Bochum, Rathaus
(Bztg. 1926)

48

Karl Bonatz,
Entwurf „Kassenhallen"
für Bochum, Rathaus
(Bztg. 1926)

49

Willkens und Hoffmann,
Entwurf „Ratsdiele"
für Bochum, Rathaus

50

Entwurf „Holt di fast"
für Bochum, Rathaus

51
Fritz August Breuhaus und
Heinrich Rosskotten,
Entwurf für Bochum, Rathaus

52
Ludwig Pohle,
Entwurf „Spiegelbild"
für Bochum, Rathaus

53
Alois Beck,
Entwurf „Platzwirkung"
für Bochum, Rathaus

54
Ernst Prinz,
Entwurf für Bochum, Rathaus

55
Schuhmacher und Offenberg,
Entwurf für Bochum, Rathaus

56
Unbekannter Architekt,
Bochum, Rathaus

XI. Evangelische Kirchen

Der evangelische Kirchenbau in Bochum ist von besonderem Interesse. An fünf – auch in überregionalem Rahmen – qualitativ hochstehenden Beispielen soll der allmähliche Überschritt von der letztlich noch aus der katholischen Tradition verstandenen Sakraments zur spezifisch protestantischen Predigtkirche gezeigt werden, der für das letzte Viertel des 19. Jahrhunderts mit seinem Zurücktreten der Liturgie hinter das Wort symptomatisch ist. Zusätzlich demonstriert die Vergleichsreihe die Ablösung eines gotisierenden Historismus durch einen Übergangsstil neuer Art, ein zweckrationales Denken, auch wenn sich die Architekten von romanischen und byzantinischen Elementen noch nicht ganz frei machen können.
In der Deutsche(n) Bauzeitung, (dem) Organ des Verbandes deutscher Architekten und Ingenieure, Jahrgang 9, 1875, Seite 510 erschien folgende Ankündigung: „Konkurrenz für Entwürfe zum Bau einer evangelischen Kirche und eines dazugehörigen Pfarrhauses in Bochum. – Für diese am 10. April 1876 ablaufende Konkurrenz, bei der die Herren Reg. u. Brth. Cremer in Koblenz, Brth. (und Dombaumeister, d. V.) J. Denzinger zu Frankfurt a. M. und Reg. Brth. (Dombaumeister, d. V.) J. Voigtel in Cöln als Preisrichter fungieren werden, sind 3 Preise im Betrage von 3.600, 2.400 und 1.500 Mark bestimmt. Verlangt werden vollständige Zeichnungen im Maßstabe von 1:75 und ein revisionsfähiger Kostenanschlag. Die zu Grunde liegende Aufgabe ist eine interessante und dankbare, obgleich die Anordnung der Gebäude auf der sehr unregelmäßigen Baustelle nicht leicht ist und die Einhaltung der zur Disposition gestellten Bausumme dem Architekten große Einschränkungen gebietet. Für die auf 1250 Sitzplätze anzulegende Kirche, die in Backsteinmauerwerk mit Sandsteinverblendungen ausgeführt, massiv überwölbt und in gothischen Stilformen durchgebildet werden soll, einschließlich eines Glockenthurmes... jedoch ausschließlich der Einrichtung, sind nur 300.000 M., ausgeworfen. – Das Programm ist sorgfältig durchgearbeitet und zeigt überall eine klare und bestimmte Fassung. Dasselbe kann von den Konkurrenzbedingungen gesagt werden, die im wesentlichen mit den Bedingungen des Verbandes übereinstimmen und sich namentlich dadurch auszeichnen, daß über das Verfahren bei Entscheidung der Konkurrenz bündige Festsetzungen getroffen sind. Zu bemängeln ist nur die zu niedrige Bemessung des ersten Preises; die Summe von 3.600 M., die noch nicht ganz 1 % der Baukosten (unter Hinzurechnung der Kosten für die gleichfalls zu projektierende und zu veranschlagende Ausstattung der Kirche) ausmacht, entspricht nicht ganz den gestellten, ziemlich hochgeschraubten Anforderungen".
Im folgenden Jahrgang (10, 1876, S. 220) meldet die genannte Deutsche Bauzeitung: „In der Bochumer Ztg. v. 19. Mai die uns von Seiten des Komités übersendet worden ist, hat das vom 13. Mai d.J. datierte Gutachten des am

19. April zusammengetretenen Preisgerichts bereits eine Veröffentlichung erfahren. Die 3 Preisrichter... haben unter den 25 rechtzeitig eingelaufenen Entwürfen vorweg 18 als ungenügend ausgeschieden und nur die mit folgenden Motto's bezeichneten Arbeiten einer näheren Beurteilung unterworfen: 1. ‚Immer vorwärts' 2. ‚Predigt-Kirche' 3. ‚Prüfet Alles, das Beste behaltet' 4. ‚Monogramm' (ein 2 konzentrische Kreise schräg durchschneidender Pfeil) 5. ‚Kirche' 6. ‚Domus orationis' 7. ‚Friede'. – Leider sind in den schriftlichen Gutachten nur einige Bemerkungen über die 4 letztgenannten Entwürfe enthalten, während eine Würdigung der Arbeiten unter 1-3, denen in derselben Reihenfolge die 3 Preise zugesprochen werden, und ein Vergleich derselben vergessen ist. Wie bei der Geringfügigkeit der ausgesetzten Bausumme von vornherein zu vermuten war, ist es keinem der Konkurrenten gelungen, dieselbe vollständig einzuhalten; doch ist es ein Vorzug der prämiierten Pläne, daß die Überschreitung der Bausumme bei ihnen nur eine verhältnismäßig geringe ist und daß sie eine Vereinfachung erleiden können, ohne in ihrem künstlerischen Werth wesentlich beeinträchtigt zu werden. Verfasser jener Entwürfe sind:
1. ‚Immer vorwärts' : die Architekten Hartel & Quester in Crefeld.
2. ‚Predigt-Kirche' : Baumeister (Johannes) Otzen in Berlin.
3. ‚Prüfet Alles etc' : Architekt (Christian) Hehl in Hannover."
Wie zitiert wird die Zahl der rechtzeitig eingegangenen Entwürfe hier mit 25 angegeben, doch schreibt die Bauzeitung im 13. Jahrgang, 1879, Nr. 213 Hartel habe den Sieg über 57 Arbeiten davongetragen.
Voraussetzung des Wettbewerbs war die 1874 erfolgte Vereinigung der lutherischen und der reformierten Gemeinden. Nachdem die Gemeindevertretung den Ankauf der an der Maarbrücke und Albertstraße gelegenen Besitzung des Bauunternehmers C. Fröhling zur Größe von 36 Ar 16 Meter für 127.500 Mark und eines 56 Ar 65 Meter großen Grundstückes der Erben Ostermann für 16.200 Mark beschlossen hatte, hatte man am 30. Mai 1875 eine Baukommission gewählt, bestehend aus den Herren Pfarrer Natorp, Kleppel, Schmidt, Direktor Westermann, Dr. phil. Pieper, Bauunternehmer C. Fröhling, Bauunternehmer C. Bleckmann (Hofstede) und Kaufmann Wilh. Mummenhoff mit dem Recht der Zuwahl. Der Letztgenannte wurde zum Vorsitzenden des Ausschusses bestimmt.
Schon vor der Ausschreibung hatte die Kommission die Weichen gestellt. In ihrer Denkschrift (Die Christuskirche in Bochum, Eine Denkschrift der Bau-Commission 1879) heißt es: „Commission erachtete es nunmehr für nothwendig, durch persönliche Besichtigung neu erbauter Kirchen sich ein eigenes Urtheil zu bilden; es erfolgte die Besichtigung der Kirchen in Bonn, Düsseldorf, Essen, Crefeld. Erstere hat den großen Fehler des Mangels an Akustik, den sie mit der Thomaskirche in Berlin (von Friedrich Adler, 1869, d.V.) theilt, wogegen die Kirche in Crefeld in ihrer schönen harmonischen Ausführung allseitig Beifall fand. Commission beschloß demnach, mit den Erbauern

dieser Kirchen Herren Hartel und Quester daselbst, eine persönliche Besprechung herbeizuführen, welche in der Sitzung vom 8. Juli 1875 mit gleichzeitiger Vorlage von Zeichnungen verschiedener Kirchen erfolgte. Auch Herr Baurath Haase in Hannover hatte auf Ersuchen in freundlicher Weise entsprechende Zeichnungen eingesandt und solche zum Geschenk offeriert. Die vielseitigen brieflichen Informationen boten wol Gelegenheit, einige Aufklärung zu geben, führten aber zu keinem Resultate. Es erfolgten mündliche Besprechungen mit dem Dombaumeister Oberregierungsrath Herrn Voigtel in Cöln . . . Nach eingehenden Berathungen entschied sich Commission für eine beschränkte Concurrenz. Da sich aber die Kosten derselben auf erlassene Anfragen als bedeutend heraus stellten, wurde hiervon Abstand genommen und eine allgemeine Concurrenz bestimmt".
Diese Baukommission schloß sich am 22. Mai 1876 dem Urteil der Preisrichter an und unter Zustimmung der Gemeindevertretung wurde der Entwurf der Firma Hartel & Quester zur Ausführung bestimmt. Die Bauaufsicht übertrug man dem Bochumer Baumeister Schwenger unter Mithilfe des Bauführers L. Rosenstein. Der Grundstein wurde am 15. 5. 1877 gelegt, am 22. Oktober 1878 war der Turm vollendet, am 8. Mai 1879 konnte die Kirchweihe erfolgen. Um die Gesamtansicht der Kirche zu verbessern, kaufte die Kirchengemeinde durch Vertrag vom 14. Januar 1879 das Hintergebäude des Wirtes Hugo Hasselkuß nebst der 12 Ruten großen Grundfläche für 10.000 Mark und legte es nieder. Bis 1880 beliefen sich die Gesamtkosten auf 724.005,95 M., der Voranschlag wurde also um mehr als 140% überschritten: (E. Poensgen, Aus der Geschichte der evangelischen Gemeinde Bochum, Festschrift zum 50jährigen Gemeindejubiläum am 14. Dezember 1924, S. 81 ff.).
Hinsichtlich des mit dem 2. Preis ausgezeichneten Entwurfs von Johannes Otzen hat dessen Biograph Jörn Bahns folgendes vermerkt: „Da die Archivalien vernichtet sind und das Gutachten der Jury keine Ausführungen über die Entwürfe der drei Preisträger enthält, ist die Form des Entwurfs nicht mehr zu ermitteln. Möglicherweise bestehen wegen des Mottos ‚Predigtkirche' Beziehungen zu der 1875 entworfenen Bergkirche in Wiesbaden, denn in einer Ausstellungsbesprechung heißt es über diese beiden Kirchen zusammenfassend: ‚Anlagen von guter Disposition und eleganter architektonischer Durchbildung.' (DBZ 11, 1877, 478). Weiterhin vermutet Bahns, der Entwurf könne möglicherweise mit dem Pastorat der Johanneskirche in Hamburg-Altona verwandt gewesen sein. (Jörn Bahns, Johannes Otzen, 1839-1811. Beiträge zur Baukunst des 19. Jahrhunderts. Materialien zur Kunst des 19. Jhdts., Bd. 2, Forschungsunternehmen der Fritz Thyssen Stiftung, Arbeitskreis Kunstgeschichte, München 1971, vgl. Register).
Die Kirche, von der leider nur der 72 m hohe Turm den Krieg überstanden hat, war ein interessantes und für die Entwicklung des evangelischen

Kirchenbaus wichtiges Beispiel. Als solches fand es sofort verdiente Publizität, z.B. auch in dem von der Vereinigung Berliner Architekten 1893 herausgegebene Bande „Der Kirchenbau des Protestantismus von der Reformation bis zur Gegenwart" (S. 280) und in der englischen Zeitschrift „The Builder" (16 Jgg. 80 I). Die dreischiffige Wandpfeilerkirche maß außen 57 m, innen 44 m bei 31 m Außen- bzw. 26,5 m Innenbreite. Das erste, zur Einturmfassade gelegene Joch war durch eine Orgelempore über breiten, doppelten Spitzbogenarkaden verstellt. Spitzbogen über Rundpfeilern teilten niedrige, fensterlose Seitenschiffe ab. Eigentlich sind es nur Gänge, gegen die Gepflogenheit der Zeit ist in ihnen kein Gestühl untergebracht. An das Langhaus schloß ein zentralisierendes Querhaus über quadratischem Vierungs-Grundriß an, welches über die Langhausflucht mittels dreiteiliger hoher Apsiden vorsprang. An diese Apsiden wiederum schlossen sich Vorbauten mit je zwei Eingängen über Grundrissen in Form eines rechtwinkligen Dreiecks. Treppen in den Querhausecken erschlossen die Emporen, welche in den Querhausapsiden polygonal gebrochen weitergeführt wurden. Die Stützen der Zentralanlage, die am Außenbau verschleiert wird, wurden so angeordnet, daß sich ein viertes Langhausjoch ergab. Die Einwölbung erfolgte durch Kreuzrippen, im Langhaus bildet sich eine Scheitelrippe aus, über den Spitzbögen zwei Rippen, deren Scheitel durch ein gerades Stück mit der Längsrippe verbunden ist. Sakristeien, die auch als Konfirmanden- bzw. Sitzungssäle, als Tauf- und Traukapelle genutzt werden konnten, flankierten den Chor und wurden durch einen äußeren Umgang verbunden. Die Langhausbestuhlung wurde im Querhaus weitergeführt.
Am rechten Vierungspfeiler stand die Kanzel, der Altar war in die Hauptapsis gerückt.
Der Turm besitzt ein Gewändeportal mit Türpfeiler unter durchfenstertem Bogenfeld und Maßwerkrose nach dem Vorbild von Reims/Straßburg. Er wird im zweiten Geschoß durch Zwillingslanzettfenster gegliedert. Das oktogonale dritte Geschoß besitzt 4 Schalluken und Eckbaldachine nach Art von Laon-Bamberg-Naumburg. Nach dem Vorbild französischer Anlagen des 12. Jhdts. ist der oktogonale Turmhelm massiv durchgemauert (vgl. z.B. Chartres, Südturm). Am Außenbau des Schiffes führten sehr steile Streben von den auffallend schmalen und fensterlosen Seitenschiffen zum Mittelschiff. Der Obergaden besaß Lanzettfenster mit Reimser Maßwerk. In der Ecke zwischen Turm und Langhaus befanden sich Eingangsvorbauten. An den Turmflanken liegen Treppentürme.
Die besondere Raumform der Bochumer Christuskirche ist vor dem Horizont der zeitgenössischen protestantischen Kirchenbaupolitik zu sehen. Nach einigen Vorarbeiten waren 1861 auf der Kirchenkonferenz in Eisenach 16 Thesen, das sog. Eisenacher Regulativ, verabschiedet worden. Diese schreiben u. a. „eine Ausladung im Osten für den Altarraum... und in dem östlichen

Theile der Langseiten für einen nördlichen und südlichen Querarm gibt dem Gebäude die bedeutsame Anlage der Kreuzgestalt... Die Würde des christlichen Kirchenbaues fordert Anschluß an einen der geschichtlich entwickelten Baustile... Die Kanzel darf weder vor noch hinter oder über dem Altar, noch überhaupt im Chore stehen. Ihre richtige Stellung ist da, wo Chor und Schiff zusammenstoßen, an einem Pfeiler des Chorbogens nach außen dem Schiffe zu. Die Orgel, bei welcher auch der Vorsänger mit dem Sängerchor seinen Platz haben muß, findet ihren natürlichen Ort dem Altar gegenüber am Westende der Kirche auf einer Empore über dem Haupteingang." (Zit. nach Fritsch, Der Kirchenbau des Protestantismus, 1893, S. 238 ff.).
Die Christuskirche löst diese Forderungen ein. Sie ist somit eine Sakramentskirche, doch tendieren ihre zentralisierenden Merkmale bereits vorsichtig auf die Predigtkirche, deren Programm als dem Eisenacher Regulativ widersprechend sich in den achtziger Jahren entwickelt. Die Vokabel „Predigtkirche" hatte Otzen ja auch für seinen verschollenen Entwurf zur Bochumer Christuskirche benutzt. (Die Christuskirche in Bochum, eine Denkschrift der Bau-Commission, Bochum 1879; Archiv für kirchliche Baukunst 1, 1876, S. 57; Bochumer Zeitung 19. Mai 1876; Builder 16, 80, I)
1889 beginnt die Planung der ab 1891 ausgeführten Ringkirche in Wiesbaden, einer weitgehend zentralisierten Anlage, die auf den Chor verzichtet und stattdessen Altar, Kanzel und Orgel hinter- und übereinander anordnet. Die so gewonnene Lösung wird als „Wiesbadener Programm" bekannt. ...
Schon in den achtziger Jahren wird die Frage erörtert, wieweit das Regulativ für die anzustrebende Predigtkirche überhaupt zweckmäßig sei. 1883 betrachtet der württembergische Dekan Lechler ‚Das Gotteshaus im Lichte der deutschen Reformation' und kommt zu dem Ergebnis: ‚die evangelische Kirche ist eine Kirche des Wortes', er lobt deshalb neue Raumformen, weil ihm ‚die herkömmliche Bauweise für die Zukunft der Kirche nicht mehr genügt' (K. Lechlar, Das Gotteshaus, 1883) ... aber vorerst vollziehen sich keine Änderungen; Die auf dem Eisenacher Regulativ beharrenden Geistlichen und Architekten behalten noch die Führung".
1889 erscheint Cornelius Gurlitts Buch „Geschichte des Barockstils und des Rokoko in Deutschland". Gurlitt veröffentlicht dort auch protestantische Predigtkirchen. Er prägte das berühmte Wort von der Liturgie als Bauherrin. „1889 weist auch Fritsch auf die für Predigtkirchen besonders geeignete, im 17. und 18. Jahrhundert beliebte Verbindung von Kanzel und Altar hin, die jedoch bei der augenblicklichen innerhalb der protestantischen Hierarchie maßgebenden Richtung als unvereinbar mit der ‚sakralen Würde des Altares gilt. (Fritsch, Ein Beitrag zur Gestaltung evangelischer Kirchen, in: DBZ 23, 1889, 205-206)
Der erst 1892-94 folgenden Ausführung „der Wiesbadener Ringkirche" geht 1891 die Veröffentlichung des von dem Pastor Veesenmeyer und Otzen

entwickelten sogenannten ‚Wiesbadener Programms' voraus . . .
1. die Kirche soll im allgemeinen das Gepräge eines Versammlungshauses der feiernden Gemeinde, nicht dasjenige eines Gotteshauses im katholischen Sinne in sich tragen.
2. Der Einheit der Gemeinde und dem Grundsatz des allgemeinen Priesterthums soll durch die Einheitlichkeit des Raums Ausdruck gegeben werden. Eine Theilung des letzteren in mehrere Schiffe sowie eine Scheidung von Schiffen und Chor darf nicht stattfinden.
3. Die Feier des Abendmahls soll sich nicht in einem abgesonderten Raume sondern inmitten der Gemeinde vollziehen. Der mit einem Umgang zu versehende Altar muß daher, wenigstens symbolisch, eine entsprechende Stellung erhalten. Alle Sehlinien sollen auf denselben hinleiten.
4. Die Kanzel, als derjenige Ort, an welchem Christus als geistige Speise der Gemeinde dargeboten wird, ist mindestens als dem Altar gleichwertig zu behandeln. Sie soll ihre Stelle hinter dem letzteren erhalten und mit der im Angesicht der Gemeinde anzuordnenden Orgel- und Sängerbühne organisch verbunden werden" (Erstveröffentlichung DBZ 25, 1891, S. 258) (Bahns S. 38)
Gleichzeitig mit diesem Streben nach der Predigtkirche, die die Einheit der Gemeinde ausdrücken soll und deshalb von Sulze auch ‚Gemeindekirche' genannt wird, entsteht das Bedürfnis, das Kirchengebäude mit den anderen für die Gemeindearbeit wichtigen Bauten oder Räumlichkeiten zu verbinden oder diese zumindest benachbart als Zentrum der Gemeinde zu erbauen". (Bahns, S. 44)
Dieser neue Gedanke der Predigtkirche – in der Christuskirche erst zaghaft angekündigt – wird mit den im Folgenden zu behandelnden Beispielen voll realisiert.
Am 24. Oktober 1892 führte die evangelische Kirchengemeinde Bochum vier neue am 24. August gewählte Pfarrer in den Außengemeinden Hamme, Hofstede-Riemke, Altenbochum und Wiemelhausen ein. Von besonderem Interesse ist die Entwicklung in Wiemelhausen, die von dem tatkräftigen Pastor Althüser maßgeblich bestimmt wurde. Die Muttergemeinde wünschte die Verselbständigung Wiemelhausens, doch sträubten sich zunächst die Kirchenvertreter. Gegen deren Widerstand berief Althüser die Gemeinde auf den Himmelfahrtstag 1895 ein, und diese entschied mit 400 gegen 14 Stimmen für die Abtrennung. „Das Konsistorium ist damals auf diesen Antrag nicht eingegangen, weil der Kgl. Landrat gegen dieses Projekt" wegen der bevorstehenden Eingemeindung „Einspruch erhoben hat". Auf Betreiben des Konsistoriums wurde eine Kommission nur aus Gegnern der Abtrennung gebildet, in welcher Pastor Pönsgen den Vorsitz führte. Doch konnte Althüser unter Mithilfe des Ingenieurs Karl Beil am 20. 8. 1899 den Kirchbauverein Wiemelhausen ins Leben rufen, nachdem am Tage zuvor das Ehrenfeld jede Beteiligung abgelehnt hatte. Der einstimmige Abtretungsbeschluß

vom 27. 12. 1899 wurde zum 1. Mai 1900 mit Genehmigung des Ministeriums und des Evangelischen Oberkirchenrats realisiert. Bezeichnend für die weitere Entwicklung sind nun einige Bemerkungen, die Pastor Althüser in der „Festschrift zur 25 Jahrfeier des Bestehens der evangelischen Kirchengemeinde Wiemelhausen" macht. „Man hatte von den Bewegung auf Schaffung eines eigenen evangelischen Baustils gehört... Man ließ sich dieses sogenannte Wiesbadener Programm kommen und beschloß darnach zu bauen. Die Einwendungen des Konsistoriums gegen diese Bauweise wurden nicht beachtet. Der Grundgedanke des Wiesbadener Programms besteht in der Schaffung einer wirklichen Predigtkirche im Gegensatz zu den katholischen Sakramentskirchen. Die Kanzel, als Stätte des Evangeliums, muß von allen Plätzen zu sehen sein. Störende Säulen oder tote Winkel darf es in einer Predigtkirche nicht geben. Die Sitze müssen sich so nah wie möglich um die Kanzel legen, weil es bei der Predigtkirche von größter Wichtigkeit ist, daß man dem Prediger ganz nah sitzt. Von selbst ergibt sich hieraus der Zentralbau. Insbesondere aber wurde noch gewünscht, daß die drei Hauptstücke der Kirche, Kanzel, Altar und Orgel zu einem Gesamtbild vereinigt sein müßten, und in diesem Bild sollte die Kanzel durch Anordnung und Gestaltung wichtig hervorspringen." Die Ausschreibung wiederholt dies und ergänzt: „Gewünscht wird eine Predigtkirche mit im Innern zentraler Form; auch die Bänke sollen zentral angebracht werden und der Mittelgang kann fortfallen... Die Orgel darf bis auf 1 m über dem Boden niedriggelegt werden. Der Altar darf mit seiner Rückseite an die Kanzel stoßen. Windfänge sind vorzusehen." (Archiv Erna Schroer, Bochum)

Von den Angeboten der Architekten Martin Elschner aus Bochum und Kurt Kreutzer in Essen machte man keinen Gebrauch. Am 20. März 1900 wandte sich Pastor Althüser an Gustav Adolf Fischer in Barmen, C. Nordmann in Essen und G. General in Bochum. Die Antwort des Letzteren ist nicht erhalten. Fischer wie Nordmann hielten die Kostenvoranschläge – 130.000 für die Kirche und 20.000 für das Pfarrhaus – für zu niedrig. Nordmann verlangte eine Entschädigung für seine Entwürfe, falls diese nicht zur Ausführung kommen sollten. Am 2. Juli bedankt sich Heinrich Robert (Bochum) für die Aufforderung zur Beteiligung, H. Schwenger (Bochum) lehnt am gleichen Tage eine Beteiligung wegen der Kürze der Zeit und der niedrigen Honorare ab. Jetzt beteiligt sich auch der Architekt Hellhammer (Bochum). Am 11. Juli lehnt Fischer endgültig ab. Es blieben schließlich nur Entwürfe von Hellhammer und Robert, über die Professor Hubert Stier am 27. November zugunsten Roberts gutachtet. Der Entwurf Hellhammers wird für unzweckmäßig erklärt, die Turmfront aus ästhetischen Gründen kritisiert. Robert nahm Stiers Anregungen Vorder- und Seitenemporen durch Öffnung der geschlossenen Eckräume zu verbinden, ebensowenig auf, wie die Empfehlung, das Rundfenster hinter der Orgel zu streichen (Pfarrarchiv. Zu danken habe ich Herrn Pastor Grabski und Herrn Presbyter Böther).

Die Abfindungssumme von 100.000 Mark, welche die Muttergemeinde zur Verselbständigung gab, diente als Baufonds. Der Preis für das 2 Morgen große, im geographischem Mittelpunkt der Gemeinde gelegene Grundstück hatte 9.715 Mark betragen. Am 1. September 1901 wurde der Grundstein gelegt, die Weihe konnte am 1. Juli 1903 erfolgen.
Am folgenden Freitag, 3. Juli 1903 erschien in der Beilage zum Bochumer Anzeiger 10 Jg. Nr. 150 folgende Baubeschreibung:" An die Kreuzform des Grundrisses ist der kräftige, aber schlanke Turm an der vorderen rechtsseitigen Ecke angelehnt, dem ein kleiner Treppenhausturm linksseitig als Flankierturm gegenübergestellt ist. Die Kopfseiten der Kreuzflügel sind durch diese Stellung freigeblieben und haben zu wuchtigen Giebelabschlüssen geführt, welche von großen Gruppen- und Rosettenfenstern durchbrochen werden. Treppenhäuser, Vorhallen, Sakristei sind geschickt an die Hauptform angelehnt und geben dem Ganzen durch die niedrig gehaltenen Dächer malerisches Aussehen... Mächtige Bögen überspannen völlig frei die Grundform, eine in gedämpften Farben gehaltene und mit Ornamentwerk durchzogene Holzdecke überwölbt den hohen Raum. Man tritt durch doppelt gegen Luftzug gesicherte Vorhallen und Treppenhäuser seitlich in die Kirche ein. Von hier aus führen Gänge erst parallel zur Längsachse, dann in diagonaler Richtung auf den Altarraum zu. Ein Mittelgang ist nicht vorhanden. Der mäßig große Altarraum ist in den Kirchenraum vorgeschoben, in dessen Mitte der Altartisch steht. Drei kreisförmige Stufen heben den Altarraum von dem Kirchenfußboden ab. Um die in den Mittelpunkt gerückte Kanzel gruppiert sich vorne in geschwungenen Sitzreihen die Gemeinde, hinter derselben in umgekehrter Schwingung der Sängerchor... Die Rückwand der Kanzel ist in der Mitte erhöht und mit einem Giebel gekrönt, dessen Spitze ein Marmorkreuz ziert. Hinter der Kanzel ist in wuchtigen Formen mit seitlichen Giebelaufbauten die Orgel aufgestellt. Ein umgekehrter Halbkreisbogen schließt sie nach oben ab und läßt so einen freien Raum für ein großes Rosettenfenster mit einer stimmungsvollen eigentümlichen Darstellung der Kreuzigung... Zur Vergrößerung der Kirche kann bei Gelegenheit der Konfirmandensaal benutzt werden, der mit dem westlichen Kreuzflügel durch eine mechanisch zusammenklappbare breite Glastür verbunden ist. Über dem Konfirmandensaal in den seitlichen Kreuzflügeln sind Emporen eingebaut... Die Zahl der festen Sitzplätze ist auf etwa 800 bemessen, dazu gewähren die Gänge usw. noch Raum für etwa 250-300 Stehplätze. Die Gesamtlänge der Kirche beträgt 33 Meter bei etwa 20 Metern Breite. Der Turm hat eine Höhe von etwa 60 Metern über der Straßenkrone." (Vgl. auch Althüser, Die Kirche in Wiemelhausen, in: Monatsschrift für Gottesdienst und kirchliche Kunst 8, Nr. 10, Oktober 1903, S. 330-333 und Schmidt, Evangelische Kirche Bochum-Wiemelhausen, 1900-1950). Zum Kirchenpatron wurde Petrus gewählt. Die Baukosten betrugen 184.000 Mark. (Führer durch Bochum, 1908, S. 64).

Von Interesse dürften die ebenso subjektiven wie zeitsymptomatischen Interpretationen sein, die ein architektonisches Detail erfuhr: in einer Ansprache sagte Pastor Winkhaus, Dortmund, „er habe unter der Kanzel eine starke mittlere Säule gesehen, die von vier leichteren Säulen flankiert sei, dieselben trügen gemeinsam die Kanzel, die Stätte des Gotteswortes. Mit der starken mittleren Säule sei wohl die Muttergemeinde Bochum gemeint, an die sich die vier kleineren Außengemeinden anlehnten; aber alle zusammen sollten zusammenstehen, einer den anderen stützend, den großen Bau des Gottesreiches tragen, daß sich Friede und Freude von dort ausbreite." Der Superintendent Nebe hingegen versteht das Schwarze der Säule als Anspielung auf die Kohle. Dann spricht er von den 4 Propheten des Alten und des Neuen Bundes. Schließlich sagt er: „Die Kanzel hat eine schwere Säule, die sie trägt. Diese Säule hat vier Dienste (Halbsäule), die um sie herumstehen. Das ist ein Bild. Die eine Säule ist der Staat; er braucht die vier Stützen: Heer, Beamten, Industrie und Ackerbau. Man kann das Bild auch anders deuten. Die Kanzel soll die Gemeinde Wiemelhausen repräsentieren. Die wird getragen durch die Säulen der Gottesgnade. Die Säulen ringsum sind das Predigtamt, die Schule, das Haus und die Verwaltung von Kirche, Schule und Staat." – Indeterminierte Formen stehen semantischer Willkür offen. (Vgl.: Das Innere der Kirche zu Wiemelhausen, in: 2. Beilage zum Bochumer Anzeiger 10, Nr. 152, 5. Juli 1903).

Das nächste wichtige Kapitel in der Reihe der evangelischen Kirchenbauten Bochums ist das „Zwillingsunternehmen" der Luther- und der Friedenskirche (Hugo Heinemann, in: Neudeutsche Bauzeitung 9, 1913, 296-297). „Schon in der zweiten Hälfte des Jahres 1907 wurde die Kirchplatzfrage lebhaft erörtert. Daß vor allem in dem dicht bevölkerten Arbeiterviertel im Westen – Moltkeplatz mit Umgebung und Stahlhausen – eine Kirche erbaut werden müsse, stand von vornherein außer Frage. Hier erwies sich ein vom Bochumer Verein für 14.000 M. zu erwerbendes Grundstück an der Baarestraße gegenüber den Anlagen des Kosthauses als allein möglich. Im Norden der Stadt nach Grumme hin besaß die Gemeinde an der Ostseite des Stadtparks von früher größere Grundflächen. Hier ergab sich durch Austausch mit einigen Nachbarn ein schön gelegener Bauplatz an der Cäcilienstraße (jetzt Klinikstraße 10). Am 18. Juni 1908 faßte die größere Gemeindevertretung auf Antrag des Presbyteriums einstimmig den entscheidenden Beschluß, an beiden Stellen gleichzeitig Kirchen zu erbauen, dafür eine Summe bis zu 350.000 M. zu bewilligen und mit der Nordkirche gleich ein Pfarrhaus zu verbinden. Eine Baukommission wurde gebildet aus den beiden „Kirchmeistern Rentner Brinkmann und Landmesser Overhoff, den Pfarrern Schmidt I, Pönsgen, Bockamp, Schmidt II; Baumeister Berndt, Kaufmann, Fricke, Landrichter Dr. Kracht (An der Stelle des verstorbenen Kaufmanns Landmann) und Rendant Kessler (An Stelle des auf seinen Wunsch ausgeschiedenen Rechnungsrats Klemp)" (Schmidt II, S. 4). „Nach eingehender

Beratung erließ das Presbyterium nach Vorschlag der Kommission ein Preisausschreiben für die Bochumer Architekten unter Hinzuziehung folgender vier auswärtiger Kirchenbaumeister: 1. Fritsche-Elberfeld; 2. Marks-Dortmund; 3. Schmidtmann und Klemp-Dortmund; 4. Campani-Bielefeld. Man wünschte im wesentlichen moderne Predigtkirchen, die jedem Gemeindeglied den ungehinderten Blick auf Kanzel und Altar und ein leichtes Hören ermöglichten. Auf einen traulichen, zugfreien, hellen Raum, der Pfarrer und Gemeinde und die Gemeindeglieder untereinander fest zusammenschließen sollte, wurde besonders Gewicht gelegt. Darum wurde die Zahl der Sitzplätze für jede Kirche auf nur 800 festgelegt. 35 Entwürfe gingen... ein und zwar 19 für die Kirche an der Baarestraße und 16 für die am Stadtpark. Das Preisgericht, bestehend aus der Kirchenbaukommission unter Zuziehung des Architekten Nordmann-Essen fällte folgendes Urteil: Für die Kirche an der Baarestraße 1. Preis (1000 Mark) Kirchbaumeister Arno Eugen Fritsche-Elberfeld; 2. Preis (700 Mark) Architekt (E. J.) Marks-Dortmund; 3. Preis (400 Mark) Architekt (Heinrich) Robert-Bochum". (Schmidt II, S. 5). Für das Projekt Stadtpark erhielten die Genannten drei gleiche Preise (Konkurrenz-Nachrichten 1909, Nr. 188, 30. Juni).
Nach gründlicher Durcharbeitung dieser Entwürfe und eingehenden Verhandlungen erfolgte die Übertragung des Baues an der Cäcilienstraße an A. E. Fritsche und die des Baues an der Baarestraße an E. Marks bzw. an seine Rechtsnachfolgerin, die Firma Hugo Heinemann & Homel in Dortmund. (Vgl. Neudeutsche Bauzeitung 9, 1913, S. 296-297). Schon im Herbst 1909 konnten die Außenarbeiten ausgeschrieben werden. Im Januar 1910 wurden die Hauptarbeiten vergeben, und zwar für die Kirche an der Baarestraße (Friedenskirche) an die Firma Robert Fischer in Bochum und für die Kirche an der Cäcilienstraße (Lutherkirche) an das Baugeschäft Fr. Müller GmbH in Bochum". „Am 3. Juli 1910 konnte zur selben Stunde die gleichzeitige feierliche Grundsteinlegung beider Kirchen vor sich gehen". „Im Frühjahr 1911 standen die Außenbauten fertig. Die Lutherkirche hatte noch einige verbessernde Abänderungen erfahren." Die gleichzeitige Einweihung beider Kirchen erfolgte am Reformationstag dem 5. November 1911". „Beide Kirchen mit den eingebauten Konfirmandensälen und einer Kirchendienerwohnung an der Friedenskirche sind einschließlich der Stiftungen... insgesamt für nur 370.000 M. erstellt worden" (E. Poensgen, Aus der Geschichte der evangelischen Gemeinde Bochum, Festschrift zum 50jährigen Gemeindejubiläum am 14. Dezember 1924, S. 108 bis 110).
Diese Angabe dürfte unzutreffend sein. Ein leider anonymer Zeitungsausschnitt vom 5. November 1961 nennt für Lutherkirche und einschließlich Pfarrhaus 270.000, für die Friedenskirche 212.000.
(Zur Lutherkirche: Dorothea Kluge, Kurzinventarisation der Kirchen und Kapellen des 19. und des frühen 20. Jahrhunderts in Westfalen-Lippe, 1970-73, in: Westfalen, Band 53, 1975, 223-252, Ab. 193, 194).

Der Bauplatz der Friedenskirche „zwischen Baare-, Friedens- und Helenenstraße, in der Größe von nur rund 1055 qm, bot für die Architekten mancherlei Schwierigkeiten, da er bei fast quadratischer Form sogar noch breiter wie tief ist. Dem Platz und den Wünschen der Baukommission entsprechend ist die Kirche ein Zentralbau mit Kreuzflügeln". „Der mit holländischen Ziegelsteinen verblendete Bau mit seinem hohen, reizvollen Schieferdach" fiel auf. „Friese aus Ziegelsteinen mit kleinen, weißen Putzflächen sind zu geschickt entworfenen geometrischen Mustern zusammengestellt". Das Hauptportal in Sandstein wurde nach Entwurf des Architekten von dem Bildhauer Wiatrowsky aus Dortmund gehauen. Im Innern wurde das Wiesbadener Programm konsequent durchgeführt. „Die sonst sehr harmonische Innenwirkung der Friedenskirche wird leider durch die Säulen, welche die Emporen und den Giebel nach dem Konfirmandensaal zu tragen, etwas gestört". „Die Ausmalung der Kirche erfolgte durch die Firma Rüter & Mause, Düsseldorf".

„Während an den Plänen für die Friedenskirche nur geringe Änderungen vorgenommen wurden (z. B. die Schaffung einer Empore gegenüber dem Chorraum), wurde der Plan für die Lutherkirche noch einmal vollständig umgearbeitet. Motive aus dem mit dem ersten Preise gekrönten Entwurf Fritsches für die Friedenskirche, vor allem das Turmmotiv, wurden hineingearbeitet, das Pfarrhaus von der rechten nach der linken Seite verlegt".

Die Lutherkirche entwickelte aus dem Bauplatz einen städtebaulichen Akzent. Das Grundstück „war schiefwinkelig und hatte zudem ein starkes Gefälle . . . Besonders durch die Schaffung einer der Kirche vorgelagerten Terrasse... und der Hochlegung der Kirche und des Pfarrhauses ist eine großzügige Anlage entstanden, die noch an Schönheit und Bedeutung gewinnen wird, wenn erst der von der Stadt projektierte, dreieckige Platz an der Cecilienstraße, gegenüber der Kirche, zur Ausführung gelangen wird. Es ist der Versuch gemacht, die Achse der Kirche mit dem Schwerpunkt dieses Platzes in Beziehung zu bringen. Deshalb legte der Architekt die Kirche an die Südgrenze des Bauplatzes, 20 m von der Cecilienstraße, das Pfarrhaus dagegen an die Ecke nach der projektierten Straße, die später nach der Liboriusstraße durchgeführt werden und so eine direkte Verbindung mit Grumme herbeiführen soll. Kirche und Pfarrhaus sind durch den gedeckten Bogengang zu einer schönen Baugruppe vereinigt. Letzter hat nicht nur architektonische Bedeutung, sondern dient zugleich als gedeckte, gegen die Unbilden des Wetters schützende Vorfahrt für Wagen bei Trauungen und Taufen, da neben der Terrassenanlage noch eine An- und Umfahrt um die ganze Kirche geschaffen ist, die unter diesem Bogengang durchführt".

„Der Kirchengrundriß ist außerordentlich einfach und klar. Ein Quadrat von 12 : 12 m Größe bildet den Kern des Kirchenraumes, verbreitert durch 4,50 m tiefe Querschiffe und verlängert durch ein 6 m tiefes Langhaus, in das jedoch zu ebener Erde der geforderte Konfirmandensaal mit den Vorhallen hineingebaut ist, so daß für die Kirche 2,50 m übrig bleiben. Dieser Konfirmandensaal, der eine bestimmte Bedeutung für die Lage des Turmes und der Eingänge hatte, springt noch 4½ m vor die Hauptfront vor und bietet dadurch günstige Verhältnisse für die Entwicklung der Haupteingänge. Durch 3 Stufen erhöht, schließt sich der 5 m tiefe Chor dem Kirchenschiff an, noch erweitert durch eine flache Altarnische. Treppen und Nebenvorhallen sind praktisch in den sich bildenden Winkel eingebaut. Die Sakristei ist am Chor nach Süden angeschlossen". Betont wird „die glückliche Wahl von Muschelkalk für die Hauptmauern, der sich mit seinem hellgrauen, fast metallischen Schimmer von dem dunklen Basalt des Sockels und dem graublauen Dach prächtig abhebt".

„Um den günstigen Raum der Kirche für die Gemeindemitglieder nutzbar zu machen, hat man glücklicherweise den Mittelgang ganz fallen gelassen und dafür an beiden Seiten desto breitere Hauptgänge geschaffen, die direkt zu den Haupteingängen führen. Auf diese Gänge münden auch die schräg gestellten Bänke unter den Seitenemporen. So entwickelt sich die ganze Anlage zu einer praktischen Predigtkirche. Alle 800 Sitzplätze haben volle freie Sicht nach Altar und Kanzel" (Schmidt II).

Arno Eugen Fritsche war 1858 in Melaune, Kreis Görlitz, geboren, später in Elberfeld ansässig und bis 1932 Leiter des provinzialkirchlichen Bauamtes der Rheinhalle. Er starb 1939 in Wuppertal. Dorothea Kluge schreibt über ihn: „Zu den Grundlagen, die er durch seine elfjährige Tätigkeit bei Otzen erwarb, müssen später auch andere Anregungen zu bestimmten Detailformen hinzugekommen sein. Die Vorbilder lassen sich vorerst nur vermuten in bereits um 1890 entstandenen Kirchenbauten amerikanischer Sekten, die durch Architekturzeitschriften sehr schnell auch in Europa bekannt wurden." (Dorothea Kluge, Kurzinventarisation der Kirchen und Kapellen des 19. und 20. Jahrhunderts in Westfalen-Lippe 1974-6, in: Westfalen 56, 1978, S. 268-270). Von Fritsche stammt auch die evangelische Kirche in Bochum-Hordel.

Krönender Abschluß des evangelischen Kirchenbaues in Bochum vor dem Ersten Weltkrieg ist die Melanchthon-Kirche. Man hatte beim Verkauf des Hauses Rechen dem Käufer die Verpflichtung auferlegt, der evangelischen Kirchengemeinde einen Platz für einen Kirchenbau zur Verfügung zu stellen. Pfarrer Althüser berichtet: „Als Wiemelhausen immer noch zögerte, bildete sich im Rechenschen Felde ein Kirchbauverein... es ist sein Verdienst, daß er sich den Platz, der für den Kirchbau bestimmt war und an der Königsallee zwischen Schell- und Friederikastraße lag, sicherte. Dieser Platz sollte erst als öffentlicher Platz liegen bleiben, gehörte also eigentlich schon der Stadt... In jener Zeit fand in der Düsseldorfer Kunstakademie eine gemeinsame Tagung der Architekten und Pfarrer statt. die Blüte der Kirchbaumeister war erschienen, den Pfarrern Belehrungen über Kirchbau zu geben. . . . Als Musterkirche wurde die Lutherkirche von Bochum empfohlen. Aber dann wurde doch als allerbeste die alles bisherige in den Schatten stelle, die Velberter Kirche gezeigt. Es war gleich bei uns beschlossene Sache, uns mit den Erbauern der Velberter Kirche, Brantzky - Cöln und Krieger - Düsseldorf, in Verbindung zu setzen. (Abb. in: Moderne Bauformen, Monatshefte für Architekten, Hrsg. M. J. Gradl, VIII, 1909, S. 398) . . . Da es Bestimmung war, daß, mit dem 1. Januar 1912 mit dem Bau der Kirche angefangen werden mußte, wenn nicht der Kirchplatz an den Schenker zurückfallen sollte, so wurde der Kirchbau nun im Jahre 1911 mit allem Eifer betrieben" (Althüser, Festschrift zur 25-Jahrfeier des Bestehens der evangelischen Kirchengemeinde Wiemelhausen).

Die Ausschreibungs-Anzeige vom 10. Februar 1911 forderte eine Kirche und ein Pfarrhaus und stellte insgesamt 220.000 M zur Verfügung, von denen etwa 180.000 M. auf die Bauten und 40.000 M. auf die innere Einrichtung entfallen sollen. Die „evangelischen Architekten in Westfalen und Rheinland wurden aufgefordert, ihre Entwürfe bis zum 1. Mai an den „Herrn Knappschaftsdirektor Köhne in Bochum" zu senden. Als Preis standen 2.000, 1.200 und 600 Mark zur Verfügung. „Die Kirchengemeinde behält sich das Recht vor, auf Vorschlag des Preisgerichts weitere wettbewerbende Entwürfe für je 300 M zu erwerben. Die preisgekrönten bzw. die käuflich erworbenen Entwürfe gehen in das Eigentum der Kirchengemeinde über und dürfen mit oder ohne Änderung von derselben zur Ausführung gebracht werden. Ein Anspruch an die Kirchengemeinde auf die Ausführung seines Entwurfs oder auf Erteilung des Auftrages zur Ausführung desselben steht keinem Teilnehmer am Wettbewerb zu, auch nicht den Verfassern der preisgekrönten oder sonst erworbenen Entwürfe". (Archiv Erna Schroer)

„In Velbert handelt es sich um eine jener gruppierten kombinierten Kirchenanlagen, für die Otto March schon in den neunziger Jahren eintrat, von denen aber Richard Klapheck 1928 sagte: ‚Die Zahl der kombinierten Kirchenanlagen war damals (1913) bei uns noch gering'. Das Pfarrhaus ist mit der Kirche durch den Saal für den Konfirmandenunterricht verbunden. Durch Terrassen, Mauern und Gartenanlagen ist die ganze Baugruppe zu einem malerischen, auch städtebaulich sehr wirkungsvollen Ensemble zusammengefaßt. Wenn der Essener Generalanzeiger meint, daß der Bau modern empfunden sei, sich aber auch in bodenständiger Weise der bergischen Landschaft anpasse, so ist damit die zwischen Jugendstil und Heimatstil die Mitte haltende Konzeption gut charakterisiert. Die Hausteinarchitektur, das hohe Schieferdach, die altbergisch empfundene Schweifhaube sowie das ausgesprochen ‚bergische Pfarrhaus' – das sind Elemente des Heimatstils. Die Verbindung von Rustika mit dekorativer floraler Bauornamentik hat Brantzky für viele seiner Entwürfe im Jugendstil verwandt, hier kann man sie einmal ausgeführt sehen, im Zusammenspiel von natürlicher Freiheit und tektonische Strenge". „Die starke Zusammenfassung des Baukörpers der Kirche entspricht der Konzentration des Innenraums im Sinne der Predigtkirche: ein kreuzförmiger Zentralbau mit Kuppel über der Mitte und Tonnengewölben über den Seitenschiffen. Die Chorwand entspricht dem Wiesbadener Programm". „1904 stellte die Deutsche Bauzeitung auf der Berliner Kunstausstellung bereits den Sieg des neuen Prinzips fest: ,Das Malerische beherrscht auch mehr oder weniger den Modernen Kirchenbau'. . . . Für diese Kirche gilt, was Gerhard Langmaak 1971 feststellt: ,Im Gruppenbau wird eine Minderung der Monumentalität angestrebt' (Gerhard Langmaak, Evangelischer Kirchenbau im 19. und 20. Jahrhundert, Geschichte, Dokumentation, Synopse, Kassel 1971, S. 37). – In diesem Sinne kann man durchaus von einem Einbruch des Idyllischen in die Kirchenbaukunst sprechen. Stilistisch bewältigt Brantzky die Aufgabe in Velbert mit einem Jugendstil romanischer Prägung. Schon 1904 schreibt die Kölnische Zeitung (3. Juni 1904) anläßlich einer Ausstellung: ,Diese Kirchen . . . wirken nur durch die Gliederung des Mauerwerks mir ganz wenigen ornamentalen Zusätzen, steigen nicht hoch auf und haben etwas gedrungen Massiges'. Das Additive in der Zusammenordnung der Bauteile, das ein so wichtiges Kriterium des originalen romanischen Stils ist, fehlt völlig. Historische Erinnerungen, Widerspiegelungen, nicht Kenntnisse und Fakten, werden im Sinne struktraler Zeichensysteme verwandt" (Käthe Menne-Thomé, Franz Brantzky, 1871-1945. Ein Kölner Architekt in seiner Zeit. Köln 1980, Veröffentlichung der Abteilung Architektur des Kunsthistorischen Instituts der Universität Köln, S. 197-199).

Das Preisgericht für die Bochumer Melanchthonkirche bestand außer den Mitgliedern des Bauausschusses aus den Herren Königlicher Baurat Siebold in Bethel, Stadtbaurat Knipping in Bochum, Architekt Nordmann in Essen. Hinzu kamen: Knappschaftsdirektor Köhne, Bankdirektor Lauffs, Stadtrat Fißmer, Pastor Althüser, Pastor Reckert und Beamter Hösterey (vgl. Zentralblatt der Bauverwaltung, 31, 1911, S. 99 und Märkischer Sprecher 1. Nov. 1913, Nr. 257, 3. Blatt).

„Gefordert wird eine neuzeitliche ,Predigtkirche im Inneren zentraler Form'. Auch die Bänke sollen zentral angebracht werden. Die Kirche muß 800 Sitzplätze . . . fassen einschließlich der auf den Emporen und der Sängerbühne. Unter der Kirche sollen Säle vorgesehen werden . . . Kirche und Pfarrhaus sollen eine gefällige Gruppe bilden, deren Bauart, Baustoffe und Bauformen den Bewerbern freigestellt sind. In der durch Kostenüberschlag festzustellenden Bausumme sollen alle Kosten einschließlich innerer Einrichtung bis zur schlüsselfertigen Übergabe enthalten sein. Die Zeichnungen werden im Maßstab 1 : 200 gefordert. Auch ein Schaubild wird gefordert". (Zentralblatt der Bauverwaltung 31, 1911, S. 102)

„Gewünscht wurde ferner eine Kirche nach dem sogenannten Rathausstil, alle Zweige der kirchlichen Tätigkeit sollten unter einem Dach vereinigt sein. Diese Bedingungen ließ man aber bald fallen." (Althüser)
Es liefen 84 (Althüser), nach anderer Angabe 74 Pläne ein (Die neue Evangelische Kirche für Wiemelhausen. Märkischer Sprecher Nr. 120, Viertes Blatt, Dienstag, 23. Mai 1911): Sie wurden im Versammlungssaal des Knappschaftsgebäudes ausgestellt. „Nach der Sitzung blieben nur noch 21 zurück, die zur Prämierung in Betracht kommen konnten. Den 3. Preis (600 M.) erhielten die Marks-Nachfolger Heinemann und Homel aus Dortmund für ihren neuromanischen Entwurf ‚Frühling 1911'. Der gleich dem (Jakob) Hudlet (Essen) - Kriegerschen (Düsseldorf) mit dem 1. und 2. Preis (ca. 1600 Mark) ausgezeichnete Entwurf ‚Offene Vorhalle' mit der Variante Wiemelhausen von Fritsche - Elberfeld legte den Eingang zur Kirche in die Nebenstraße". „Zum Ankauf empfohlen wurde ferner der Entwurf ‚Predigtkirche I' von Bachmann und Pino - Dortmund. Hierzu ist auch ein Modell eingesandt worden... Das Sakrale erscheint hier gänzlich ausgeschaltet, der Architekt hat sich völlig den Lockungen des neuzeitlichen Barockstils ergeben und vergaß darüber die Kirche... Der Kostenaufwand soll wahrscheinlich auf 250.000 Mark erhöht werden" schreibt der Märkische Sprecher (1. November 1913, Nr. 257, 3. Blatt). Krieger und Hudlet trugen den Preis davon, als noch einmal eine engere Konkurrenz ausgeschrieben wurde. Zum preisgekrönten Entwurf ‚Glaube und Heimat' berichtet der Märkische Sprecher (Die neue Evangelische Kirche für Wiemelhausen. Märkischer Sprecher, Nr. 120, Viertes Blatt, Dienstag, 23. Mai 1911); „Der Entwurf sieht eine Anordnung vor, die nicht beibehalten werden soll. Wie das Bild zeigt, dachten sich die Verfasser die Kirche so gestellt, daß die Längsfront die Königsallee entlang kommen sollte, während der Haupteingang mit dem Turm für die eine Nebenstraße bestimmt war. Das soll nun insofern geändert werden, als die Partie: Vorhalle, Versammlungsraum und Haupteingang mit dem Turm nach der Königsallee zu liegen kommen. Die ganze Anlage muß daher eine Drehung von 90 Grad ausführen. Der Vorteil dieser Änderung scheint darin gesehen worden zu sein, daß der Beschauer dann von der Stadt her auf der Königsallee ankommend die Kirche an der schönen Längsfront zugleich mit dem imponierend wirkenden Turm erblickt ... Zu hoffen ist allerdings dabei, daß die vortreffliche Anordnung von Kirche und Pfarrhaus zueinander gewahrt bleibt. Es war einer der Beweggründe der Verfasser hierbei, den schönen alten Baumbestand dort zu belassen; diese Vorsorge sichert einen Pfarrhof, der von selten intimem Reize wird. Die Architektur des hübschen Wohnhauses entspricht der Absicht, eine solche trauliche Wirkung zu erzielen. Das Massige des Turmes soll ‚zu den im Industriegebiete vorherrschenden Kaminen eine kräftige Dominante bilden'. Gemäß einer Bestimmung muß das Erbbegräbnis von Schell

respektiert werden". Dieses wurde dann doch verlegt, es lag dort, wo jetzt das Pfarrhaus steht und hinter demselben... Die Grabplatten und das Denkmal des früheren Friedhofs sind an der Südseite der Kirche wieder untergebracht" (Althüser). „In den letzten Dezembertagen 1911 geschah der erste Spatenstich... mußte doch mit dem 1. Januar 1912 mit dem Bau begonnen sein, wenn nicht der Kirchplatz an den Schenker zurückfallen sollte,...Am Himmelfahrtstage 1912 erfolgte die feierliche Grundsteinlegung... (Schmidt, Evangelische Kirche Bochum-Wiemelhausen, 1900-1950). „Bis in die letzten Tage vor Himmelfahrt war man entschlossen, die Kirche bei der Grundsteinlegung Himmelfahrtskirche zu nennen. Dann aber schlug die Meinung um. Der Lutherkirche jenseits von Bochum glaubte man diesseits von Bochum eine Melanchthon-Kirche gegenüberstellen zu müssen" (Althüser). Am 2. November 1913 fand die Weihe statt. „Das Mittelschiff hatte 12 m im Quadrat. Darüber spannten sich vier mächtige Bögen, die die Kuppel tragen. Um dieses Quadrat gruppierten sich kreisförmig Altarraum und Seitenschiffe. Im Sitzfeld war die Kirche doppelt so breit wie sie lang war. Es gab tatsächlich keinen einzigen toten Platz, der Kanzelaltar war von allen Seiten zu sehen. In geradezu erdrückender Weise wurde der Raum von der mächtigen Orgel beherrscht, die über dem Kanzelaltar auf der Orgelempore im Angesicht der Gemeinde ihren Platz hatte. Vor der Orgel war der Raum für den Chor" (Schmidt). „Auch hier wurde die einheitliche Gruppierung von Altar, Kanzel und Orgel gefordert, allerdings nach der Erfahrung der Petrikirche nun mit der ausdrücklichen Einschränkung, daß der ‚Altar nicht erdrückt würde'. Gelöst wurde diese Aufgabe durch die möglichste Einfachheit der Orgel, durch Herstellung der Kanzel aus Holz und des Altars aus leuchtendem Sinai-Marmor" (Schmidt, Evangelische Kirche Bochum-Wiemelhausen, 1900-1950).
Das Bildprogramm der Melanchthonkirche wird von Althüser folgendermaßen beschrieben (S. 17): „Die Ausmalung stellt die Offenbarung Gottes von Uranfang an bis jetzt in den menschlichen Seelen und in der täglichen Arbeit dar. Der Urheber aller Offenbarung ist durch den an der höchsten Stelle angebrachten Spruch: ‚Im Anfang war das Wort' angedeutet, worüber ahnungslos als Ziel aller Offenbarung das etwas verborgen gehaltene Kreuz schwebt. Die Offenbarung setzt sich durch in der Schöpfung Himmels und der Erde, dargestellt in dem Kuppelgewölbe mit den Himmelszeichen und den vier Endsymbolen in den Zwickeln. Die Offenbarung vollendet sich in Christus, welcher Hauptgedanke in goldenen Buchstaben in dem Spruch an der Stirnwand des Chors durch die Worte festgehalten wird: Gott war in Christo (I. Kor S, V. 89). Dieser leitende Gedanke wird in den... Fensterbildern in seinen drei Hauptbestandteilen gezeigt: Bergpredigt, Einzug in Jerusalem, Kreuzigung, Jesus als Prophet, Jesus als Hohepriester, Jesus als König". Hinzu kommen Luther und Melanchthon, sowie der

zwölfjährige Jesus. Alle Fenster stammen von Professor Döringer. „Durch die Sprüche über den Türen soll die Bedeutung des Gottesdienstes für die Wachhaltung und Vorbereitung der Offenbarung in den Seelen angedeutet werden. Der Spruch über der Sakristeitür: ‚Das ist ein köstlich Ding, dem Herrn danken', will die Bedeutung des Gottesdienstes als Anbetungsgottesdienst hervorheben; der Spruch über der anderen Tür: ‚Erneuert euch im Geist eures Gemütes' will daran gemahnen, daß man die Bekehrung nicht zu vergessen hat; und der Spruch über der Ausgangstür: ‚Ich habe den Herrn gesehen' will die Seligkeit des Gottesdienstes mit nach Hause geben. Und blickt man beim Herausgehen von der Kirchentreppe noch einmal zurück, so ruft einen der Spruch dort oben noch nach: ‚Seid aber Täter des Wortes'. Und der Spruch daneben schließt den Reigen: ‚Er spricht selig, die Worte Gottes hören und bewahren'. (Althüser 17-18 vgl. Althüsers Festpredigt vom 2.-11-13 abgedr. in Märkischer Sprecher).

Die Tendenz zur Predigtkirche, in der Christuskirche erst angelegt, hatte sich in Petri-, Luther-, Friedens- und Melanchthonkirche voll entfaltet. Der sakramentale Gedanke des Abendmahls war fast zurückgetreten. Liberale, subjektivistische und individualistische Tendenzen drückten sich in dieser Bauform aus.

Es ist bezeichnend, daß man sich beim Wiederaufbau der Melanchthonkirche nach dem Zweiten Weltkrieg entschloß, vom Zentralbau abzugehen und zum Langhaus zurückzukehren. Der damalige Pastor Schmidt schreibt: „Die Lösung ergab sich aus der Tatsache, daß unter der Orgelempore hinter Kanzel und Altar noch Raum in einer Tiefe von 4-5 m lag, den wir zum Kirchenraum dazunehmen konnten. Um die Enge des quadratischen Raumes zu sprengen, mußten die vier Bögen fallen... So wurde der Weg frei zu einem Langhaus, das nun im Kirchenschiff die Länge von fast 21 m und von den Chorfenstern bis zu den Turmfenstern die Länge von 33 m erreicht. Das Sitzfeld konnte von 10 auf 20 Bankreihen gebracht werden. Das Mittelschiff erhielt eine flache Holzdecke. Je zwei mächtige Pfeiler gliedern das Langhaus von den Seitenschiffen ab und geben ihm trotz der noch immer reichlichen Breite erträgliche Maße... Der Altarraum wurde durch seitliche Sakristeiräume eingeengt, erhöht und so recht deutlich aus dem Gesamtraum herausgehoben... Die Kanzel hat ihren Platz auf der oberen Stufe an der linken Seite des Altarraumes". Schmidt berichtet auch, der Architekt Pierson, der schon 1911 einen preisgekrönten Entwurf für die Melanchthonkirche eingereicht hatte, habe den Umbau der Kirche mit besonderer Liebe begleitet und den „Durchbruch" zum Langhaus entscheidend gefördert. Man plante, den Turm abzubrechen und mit dem gewonnenen Holz das Kirchendach zu decken, doch wurde dies durch Oberbaurat Brack vom Städtischen Bauamt abgelehnt. „Die einzige Neuerung am Turm bildete die Spitze, das Kreuz auf der Weltkugel". (Vgl. auch: Die Kirchenweihe im Rechener Felde, 1. Beilage zum Bochumer Anzeiger, Nr. 256, 21. Jg., 3. November 1913)

Karl Heinrich Friedrich Siebold (18. 12. 1854 Schildesche-16. 7. 1937 Bethel) hat ein reiches Werk hinterlassen. Durch seinen Vater kam er früh in Kontakt mit dem Begründer Bethels, mit Friedrich von Bodelschwingh, für den er später viel bauen sollte. Für deinen Freund, den Archäologen Wilhelm Dörpfeld, errichtete der junge Architekt 1881 das Museum in Olympia nach einer Skizze seines Lehrers an der Berliner Bauakademie, Friedrich Adler. Offizielles Lob brachte ihm die Kaiser-Wilhelm-Gedächtniskirche in Bad Ems 1897/9. Im Laufe seines langen Lebens errichtet er 36 evangelische Kirchen, 8 Kapellen, 53 Umbauten und lieferte Pläne für 37 weitere Kirchen. Praktisch und theoretisch hat er sich auch mit dem Arbeiterwohnungsbau auseinandergesetzt. 1890-1923 war er Anstaltsbaumeister in Bethel. Zum 1. Juli 1906 wurde Siebold Leiter des provinzialkirchlichen Bauamts, das dem Bauamt Bethel angegliedert wurde. In dieser Eigenschaft hatte er schon 1909 ca. 40 Mitarbeiter. Er führte das Amt bis 1931 und entfaltete eine äußerst umfangreiche, bisher kaum untersuchte Tätigkeit. Leider verfiel er an seinem Lebensabend dem Nationalsozialismus (W. Siebold, Karl Siebold, Ein großer Baumeister Niedersachsens, Düsseldorf 1940).

Siebold errichtete die evangelische Christuskirche in Bochum-Gerthe 1907-1910. In seinem – bisher unveröffentlichten – ,,Erläuterungsbericht des Planes zu einer Kirche und einem Pfarrhause für die Gemeinde zu Gerthe" (Pfarrarchiv), datiert vom 16. Oktober 1908, schreibt er: ,,Die Grundrisse der Kirche ... zeigen eine schlichte Langhauskirche mit einem angebauten breiteren und einem schmaleren Seitenschiff, welch letzteres lediglich als Gang dient".

,,Es handelt sich also um einen jener seltenen Versuche, ein Langhaus durch asymmetrische Zweischiffigkeit zu gestalten, bei dem nur eine Empore gegenüber der an die Seite gestellten Kanzel angebaut ist". So schreibt Oskar Haßfeld (Stadt- und Landkirchen, 3. Aufl., Berlin 1911, S. 25) ,,Die unsymmetrisch zweischiffige Anlage ... ist ... eine gerade für die Predigtkirche sehr zweckmäßige Grundform. Sie ergibt ein verhältnismäßig großes Fassungsvermögen des Raumes und daher ein billiges Kirchengebäude. Dabei hat sie den Vorzug guter Übersichtlichkeit und ist akustisch günstig. Die Anlage einer Empore im Seitenschiff setzten wir, bei protestantischen Kirchen wenigstens, als selbstverständlich voraus ... Eine weitere Empore wird in der Regel die Westseite des Hauptschiffes einnehmen. Im Winkel zwischen beiden findet der Turm mit den Treppenaufgängen seinen natürlichen Platz. Der künstlerische Gewinn liegt in der malerischen Erscheinung eines solchen Bauwerks, eine gewisse Gefahr hinwiederum darin, daß im Inneren die Nordwand trotz der Belebung durch Kanzel und Fenster etwas nüchtern wird".

Siebold fährt fort: ,,In der Achse des Hauptschiffs ist ein kurzer, in das Hauptschiff hineinreichender Chor geplant, der mit einem breiten Triumphbogen in das Hauptschiff überführt wird. An diesem Triumphbogen stehen in Nischen auf der einen Seite die Kanzel, auf der anderen Seite der Taufstein, in der Mitte des Chores der Altartisch. Hinter dem Chor ist eine Sakristei mit einem Wartezimmer für Täuflinge. Über dem großen Seitenschiff ist eine Empore (2 Arkaden mit Mittelstütze, der Verf.) angeordnet, ebenso auch über dem ersten Joch des Hauptschiffs, zu dem eine Treppe führt, die sich an den Turm anschließt. Dieser ist auf die Ecke gelegt, wo Haupt- und Seitenschiff zusammentreffen. Auf diese Weise kommt der Turm ungefähr in die Mitte des Grundstücks zu stehen, so daß er den Platz beherrscht." „Entsprechend den Gängen und der Anzahl der Plätze hat die Kirche drei Haupteingänge an der Vorderfront und einen Nebenausgang an der Hinterfront". Diese letzte Bemerkung Siebolds deutet auf eine sonst nicht belegte Planänderung: der ausgeführte Bau hat links vorne und im Turm Eingänge, die eigentliche Fassade hingegen wird von drei Triforien beherrscht, hinter denen – wie häufig – ein Konfirmandensaal liegt, dieser allerdings öffnet sich in drei Eingängen ins Kircheninnere. Siebold äußert sich dann zum Pfarrhaus: „Dasselbe ist hinter der Kirche geplant in einer Lage, daß man von dem nach Süden gelegenen Hauptzimmer aus einen vollen Blick vorbei zur Straße hat, sodaß auch die Südsonne voll in die Wohnzimmer fallen kann. Um die Südsonne auch für das Studierzimmer auszunützen, ist der Haupteingang zum Pfarrhaus seitlich gelegt". Der Kostenvoranschlag beläuft sich für die Kirche auf 120.000, für das Pfarrhaus auf 30.000 Mark". – Siebolds einzige Bemerkung zum Stil ist: „Die Ansichten der Kirche ... zeigen im Anschluß an historische Formen ein modernes Gepräge, wie es ausdrücklicher Wunsch der Gemeinde war". Zur heutigen Innenansicht, die von dem 1955 entstandenen Apsisfresko Professor Thols und der neuen Kassettendecke beherrscht wird, ist nachzutragen: „Das wesentlichste Element der Renovierung der Kirche war die Umgestaltung des Altarraumes. Ursprünglich war die Rückwand ... in der Horizontalen dreigeteilt und zwar so, daß das untere Drittel ausgefüllt war von dem Altar mit Kreuz und je einer Tür zur Rechten und zur Linken des Altars. Das mittlere Drittel war markiert durch eine Säulengruppe (eine sich über die ganze Breite erstreckende Wandnische, die mit Spitzbögen, die auf Säulen ruhten, geziert war); das obere Drittel bestand aus einem Wandbild, dessen Mitte von einem segnenden Christus beherrscht wurde, um ihn herum und zu ihm hindrängend allerlei elende und hilfsbedürftige Menschen, die seiner Einladung folgen". „Zu beiden Seiten des Altarraums sind je zwei mit einem reich verzierten Giebeldach gekrönte Rundnischen ... Vor dem rechten der Taufstein, vor dem linken die Kanzel" (Gemeindebrief der Evangelischen Kirchengemeinde Gerthe).

57

*Hartel und Quester,
Bochum, Christuskirche*

58

*Hartel und Quester,
Bochum, Christuskirche*

59
*Hartel und Quester,
Bochum, Christuskirche*

60
*Hartel und Quester,
Bochum, Christuskirche*

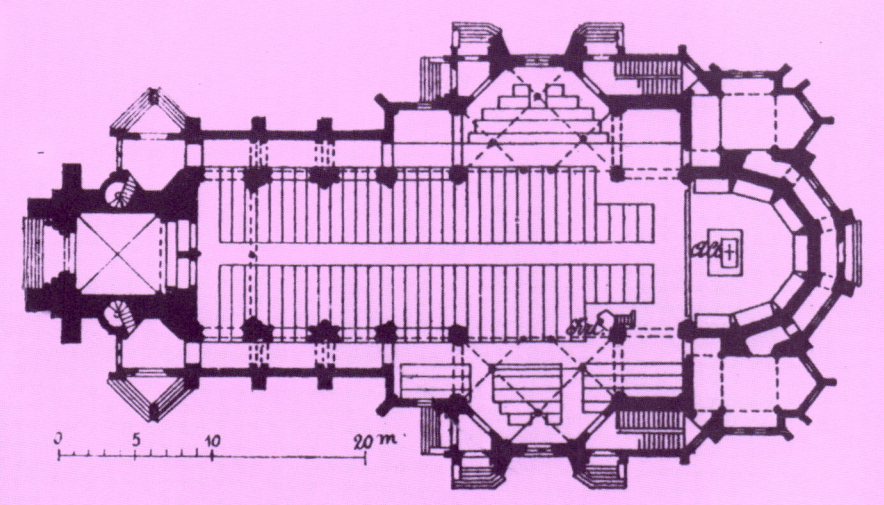

61
Robert,
Bochum-Wiemelhausen,
Petruskirche

62
H. Robert,
Bochum-Wiemelhausen
Petruskirche

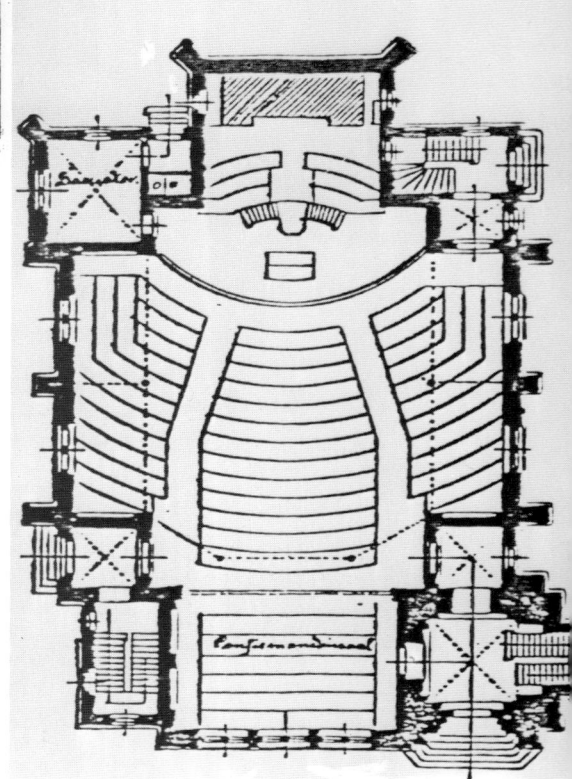

63
*Robert,
Bochum-Wiemelhausen,
Petruskirche*

64
*Krieger und Hudlet,
Entwurf für Bochum,
Melanchthonkirche*

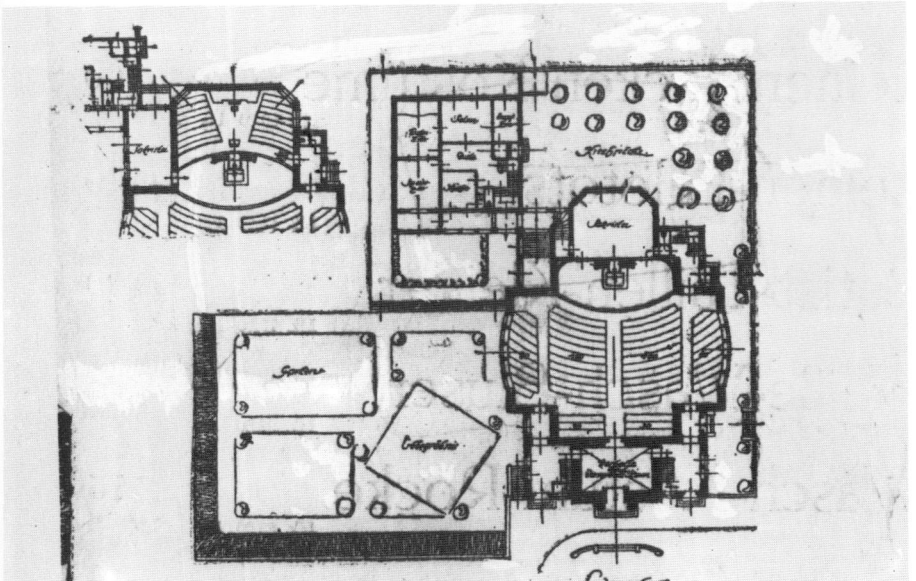

65

*Krieger und Hudlet,
Bochum, Melanchthonkirche*

66

*E. Marks,
Bochum, Friedenskirche*

67
*E. Marks,
Bochum, Friedenskirche*

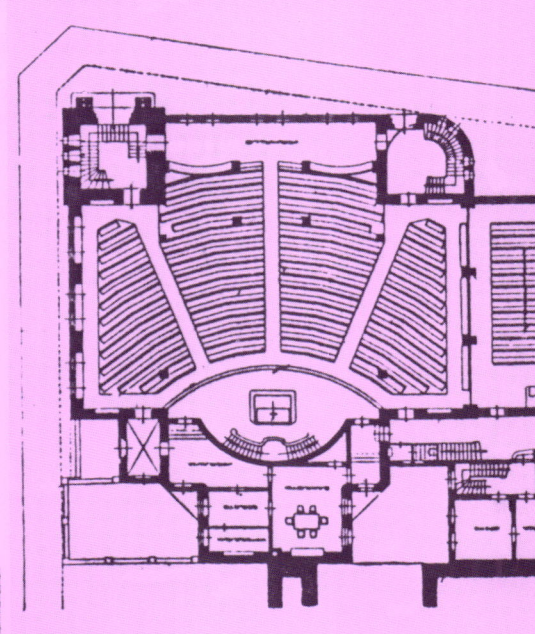

68
*Karl Heinrich Friedrich Siebold,
Bochum-Gerthe, Christuskirche*

XII. Katholische Kirchen.

Anders als der evangelische ist der katholische Kirchenbau Bochums und seine Entwicklung nicht eigentlich thesenfähig. Konsolidierender Zentralismus verhindert die Ausbildung einer Kontroverse und lange Zeit den Durchbruch zur Moderne. „Noch im Jahre 1912 bestimmte ein Erlaß des Kölner Kardinals Antonius Fischer im kirchlichen Anzeiger Köln Nr. 31: Neue Kirchen sind der Regel nach nur im romanischen oder gotischen bzw. sogenannten Übergangsstil zu bauen" (Hugo Schnell, Der Kirchenbau des 20. Jahrhunderts in Deutschland, München-Zürich 1973, S. 7).
Hier vorgestellt werden Arnold Güldenpfennigs Propsteikirche zu Wattenscheid, die Bochumer Marienkirche von Gustav Adolf Fischer (auch wegen ihres Schicksals im Kulturkampf), das Redemptoristenkloster, die Josephskirche als neuromanischer Bau, die Antoniuskirche, die heute dringend einer Restaurierung bedarf – beide Arbeiten von Hermann Wielers, Klomps Elisabeth-Kirche in Gerthe, Ludwig Beckers Kirche in Wattenscheid-Höntrop und Josef Frankes Kirche in Leithe.
1864 beauftragte man den Paderborner Diözesanbaumeister Arnold Güldenpfennig mit Plänen für die Propsteikirche St. Gertrudis zu Wattenscheid (Eduard Schulte, Kirchengeschichte Wattenscheids, 2. Teil von 1821 bis 1945, Wattenscheid 1952, S. 5 f.). Anfangs war nur der Neubau des Chores der alten dreischiffigen romanischen Hallenkirche beabsichtigt. Der Grundstein dazu wurde am 17. Mai 1868 gelegt. Doch alsbald entschloß man sich zu einem Gesamtplan unter Beibehaltung des alten Turmes. Da das Gelände beengt war, lag es nahe, in die Breite zu gehen. Es entstand eine dreischiffige, kreuzrippengewölbte Halle über Rundpfeilern mit Blattkapitellen, an die sich zwei weitere, niedrige Seitenschiffe schließen. Vor dem flachen Chor mit Nebenapsiden liegt ein Querschiff von der Höhe des Langhauses. Am 12. 9. 1869 konnte die Benediktion, am 10. Mai 1872 die Weihe erfolgen (Schulte, a. a. O., S. 5). „Der alte Turm hatte eine Höhe von 26 m. Sein nach dem Stadtbrand von 1635 und den Jahren 1648-53 erneuerter Helm wurde 1895/6 abgerissen, das Mauerwerk um 8 m erhöht und der neue Helm mit Kupfer gedeckt". (Fridolin Schauerte, Wattenscheid, meine Heimat, Wattenscheid 1925, S. 15). Mit 65 m bildete er jetzt den wichtigsten städtebaulichen Akzent. 1935 schließlich erweiterte man „mit dem aus Wattenscheid stammenden bedeutenden Kirchenarchitekten Josef Franke – Gelsenkirchen, die kleine Sakristei durch einen geräumigen Ausbau und führte das 1895 gotisierte Portal des Turmes wieder auf romanische Form zurück" (Schulte S. 11). Ausgrabungen unter Leitung von Dr. Gabriele Isenberg (Mauring, S. 21) ergaben, daß die Fundamente der äußeren Rundpfeiler auf den Fundamenten der romanischen Kirche, die Fundamente der Seitenschiffarkade auf den Außenwänden der gotischen Vorgängerkirche aufruhen (Vgl. Heinz Dohmen, Abbild

des Himmels, Tausend Jahre Kirchenbau im Bistum Essen, Mülheim/Ruhr 1977, S. 46-49).
„Güldenpfennig war am 13. 12. 1830 in Warburg/Westfalen geboren. Sein Vater war staatlicher Angestellter im Steuerfach. Der Sohn besuchte die Gymnasien in Münster und Minden, legte in Minden ein Lehrjahr als Baueleve ab und bezog dann die Königliche Bauakademie in Berlin. 1854 wechselte er in die Praxis über. Seine Vorliebe für die sakrale Gotik veranlaßte ihn, zunächst bei dem Dom- und Diözesanbaumeister Uhlmann in Paderborn tätig zu sein. Bereits 1856 wurde er zu dessen Nachfolger berufen. Schwere Zeiten traten ein, als infolge des Kulturkampfes die Kirchenbautätigkeit während mehr als eines Jahrzehnts erheblich nachließ. Schon in den sechziger Jahren hatte er durch den in mittelalterlichen Ziegelformen gehaltenen Bau seines Wohnhauses in Paderborn die Aufmerksamkeit der englischen Architekten auf sich gezogen, da das Haus mit Abbildungen und Erläuterungen in der angesehenen Fachzeitschrift ‚The Builder' erschien und von dem bekannten Kunstkritiker M. Breuer sehr günstig besprochen wurde. Breuer hielt auch wiederholt Vorträge über andere Bauten des Meisters, die mit soviel Beifall aufgenommen wurden, daß dieser . . . zum Ehren- und Korrespondierenden Mitglied des ‚Königlichen Institutes Britischer Architekten' ernannt wurde. Aufgrund vielfacher Einladungen entnahm Güldenpfennig mehrere Reisen nach England . . . So kam es, daß . . . seine dortigen Freunde den Versuch machten, ihn zur Übersiedelung nach England zu veranlassen. Alleine er konnte sich erfreulicherweise zu einem solchen Wechsel nicht entschließen, obschon sich auch Kardinal Manning lebhaft für diesen Plan erwärmte". D. Hüffer schreibt im Nekrolog (G. starb am 23. 9. 1918 in Köln) „In erster Linie waren es die strengen, folgereichen konstruktiven Gedanken der Gotik, welche ihm besonders zusagten, und zweifellos liegt auf diesem Gebiet seine Hauptbedeutung. Seine in diesem Stil erbauten Kirchen, vom Dom bis zur Dorfkapelle herab, deren Zahl nicht nur in seiner Heimatdiözese, sondern darüber hinaus durch ganz Norddeutschland bis nach Schlesien und Ostpreußen hin eine große ist, legen dafür ein beredtes Zeugnis ab. Ihnen schließen sich in gleicher Schönheit viele romanische Kirchenbauten an. Aber auch in allen anderen älteren Stilarten, von der Frührenaissance bis hin zum Empire, hat er eine große Zahl höchst reizvoller Bauten, meist allerdings nichtkirchlicher Natur, ausgeführt". (D. Hüffer, Arnold Güldenpfennig† im Zentralblatt der Bauverwaltung 28, Nr. 79, 3. Oktober 1908, S. 530-531).
Zu Güldenpfennigs Bochumer Arbeiten zählt noch der Kernbau der Marienkirche in Linden (1865) und St. Franziskus in Weitmar (1883-1885).
Gustav Adolf Fischer war – der Vorname sagt es – ein protestantischer Architekt, trotzdem hat er auch katholische Kirchen gebaut, darunter die Bochumer Marienkirche, die nicht nur durch ihre architektonische Gestalt,

sondern auch – vielleicht mehr noch – durch ihre kirchenpolitische Einbindung Interesse beansprucht. Fischer lebte von 1883 bis 1906. Von ihm stammt auch der Grundplan der Lutherkirche in Langendreer (1903), die von seinem Sohn Richard ausgeführt wurde.

Die einzige katholische Kirchengemeinde des damaligen Bochumer Stadtbezirks wuchs zwischen 1865 und 1883 von 12 000 auf 35 000 Pfarrangehörige an. Es gab allerdings die jetzt zu behandelnde Marienkirche und das Redemptoristenkloster „Mariahilf". Auch Weitmar hatte seit 1872 eine eigene Kirche. „Schon um 1860 planten bürgerliche Kreise einen neuen Kirchenbau für Schulgottesdienste der neu eingerichteten Realschule für Jungen, die in der Nähe des heutigen Landgerichts lag. Unstimmigkeiten über Platz und Größe ließen den Bau jedoch nicht über die Grundmauern aufwachsen. Sie wurden bald wieder abgerissen. Geistliche und Gemeinde einigten sich dann über die Errichtung einer Pfarrkirche als wichtigstes Seelsorgeanliegen. Die Gruppe der Unternehmer, geführt von Bürgermeister Greve und Direktor Jakob Meyer (Hasler), die vermögenden Neubürger, wünschten die Kirche im Süden an der Rottstraße, auf einem Grundstück, das sich schließlich als zu feucht erwies, die Arbeiter, von der Mehrheit der Geistlichen unterstützt, im Nordwesten. Es dauerte 8 Jahre, bis endlich dank der Schenkung eines Grundstücks durch die Familien (Staatsanwalt) zur Nedden und (Kaufmann) Schulte-Östrich in einer öffentlichen Versammlung die Entscheidung des Bischöflichen Sonderbotschafters dem Griesenbruch den Vorrang gab vor dem im Nordwesten der Stadt gelegenen Gelände. Hier aber zogen . . . die schon einige Jahre ansässigen Redemptoristenpatres sofort mit dem Plan einer größeren Klosterkirche nach. Im Jahre 1868 legte Bischof Konrad Martin von Paderborn den Grundstein zur Marienkirche." (Christoph Allroggen, Die St. Marien-Gemeinde in Bochum, Geschichte einer Pfarrei im Ruhrgebiet, Bochum 1964, S. 3). Der Bau wurde am 3. 5. 1872 konsekriert. Er ist aus Hardecker Backsteinen errichtet, „die drei Portale, das Fensterwerk, die um Dach und Turm laufende schöne Galerie (erneuert 1924) . . . aus Sandsteinen hergestellt, die bei Trier gebrochen und in Königswinter verarbeitet wurden" (Karl Heinhardt, Kottsiepe und Schausten, Die Marienkirche und Marienpfarrei in Bochum, 1928, S. 14).

Die fünfjochige, querhauslose, kreuzrippengewölbte Halle erhält durch zwei einander gegenüberliegende Portale im mittleren Joch eine Art Querachse. Am Außenbau dominiert der oktogonale Turmaufbau mit gemauertem, durchbrochenem Helm und Strebebögen an den Ecken. Im Einklang mit von unten aufsteigenden Strebepfeilern ergeben sich an den Ecken gestufte Dreiergruppen von Fialen. Zwischen Turm und Schiff zwängte sich ein polygonaler Eingangsbau in den Winkel.

„Die Orgel hat Eggert in Paderborn gebaut, die Dekoration der Kirche Georg Goldkuhle aus Wiedenbrück ausgeführt. . . . Die Chorfenster (von 1890)

sind von Hartel und Lersch in Düsseldorf. Die geschnitzten Chorstühle sowie die Kommunionbank sind aus der Werkstatt des Bildhauers Th. Brockhinke von Wiedenbrück." (Festschrift, dem 20. Westfälischen Städtetage gewidmet von der Stadt Bochum, 1896, S. 40). Die Seitenaltäre stammen aus der Kunstwerkstätte Schweppenstede in Wiedenbrück. „Der Hochaltar ganz aus Sandstein von Meister Hellweg in Paderborn... Zu beiden Seiten des Tabernakels stehen die großen Standbilder der Evangelisten." (Heinhardt etc., S. 14). Das Baukapital betrug 90.000 Taler, die kurz nacheinander erbaute Pastorat mit Kaplanwohnung kostete nahezu 30.000 Taler. (a.a.O. S. 14). 1896 vergrößerte man die Sakristei. „Im Jahre 1897 wurde mit dem Bau der neuen Vikarwohnung am Marienplatz begonnen. An der Südwestecke der Pfarreikirche wurde im Jahre 1898 eine Vorhalle angebaut" (a.a.O. S. 29). 1927 führte man eine umfassende Renovierung durch. Der Chor wurde 49,5 cm höher gelegt, die Kommunionbank 2 m vorgezogen, eine neue Ausmalung durchgeführt. Das zugehörige Gutachten hat Professor Fuchs in Paderborn angefertigt (a.a.O. S. 38). Die Orgelempore wurde erweitert und umgebaut. Neue Windfangtüren zu den Seitengängen, eine Gefallenen-Gedenkstätte im Turm, neue Figuren zu den Chorabschlüssen links und rechts, Renovierung und Putzarbeiten am Kirchengebäude... Schaffung eines neuen Geräteraumes" u. a. kosteten rd. 85.000 RM (Allroggen S. 10). Am 13./14. Mai 1943 wurde die Kirche ausgebombt. Beim Wiederaufbau (Konsekration 3. Oktober 1953) verzichtete man „auf die zum größten Teil beschädigten Fialen und die Balustrade, die einst um die ganze Kirche führte, auf das Maßwerk in den Fenstern und auf die Gewölbe. Auch die früheren Kapellenanbauten am Turm sowie die dort befindlichen Seiteneingänge wurden nicht mehr errichtet" (Allroggen).
Die Marienkirche hatte eine bewegtes Schicksal. Vom 1. 11. 1875 bis 4. 3. 1882 war sie den Altkatholiken zugewiesen. „60 bis 70 Polizisten waren aufgeboten, um den noch nicht 50 Altkatholiken Schutz bei ihrem Einzug in die Marienkirche zu bieten" schreibt Pfarrer Allroggen mit bitterem Unterton (S. 4) und er fährt fort: „Da die Altkatholiken keine Kirchensteuer zahlten und zur Erhaltung der Kirche nichts beitrugen, es waren zumeist zugezogene staatliche Beamte, verwahrloste die Marienkirche innen und außen. Bis zum Jahre 1882 dauerte dieser Zustand an... bis der Zentrumspolitiker Windhorst bei einer Veranstaltung in Bochum von dem schreienden Unrecht erfuhr. 3 Tage nach seiner Rückkehr erschien auf Anweisung des Kultusministers der Oberpräsident von Westfalen höchstpersönlich, der das Gesuch der Katholiken monatelang ignoriert hatte, und forderte die Altkatholiken, die vorher jedes gütliche Angebot, wieder die kleine evangelische Johanniskirche im Weilerbrink (1944 durch Bomben zerstört) für ihre kaum besuchten Gottesdienste zu benutzen, abgelehnt hatten, zum Auszug aus der Marienkirche auf. Am Palmsonntag 1882 erlebte die schnell (für 5.000 Mark)

restaurierte Kirche die Rückkehr" der Katholiken. (Joseph M. Hasler, St. Marien ist wieder erstanden, Fortsetzungsserie in: Kirche und Heimat Jg. 1953, Nr. 40-52 und Jg. 1954, Nr. 2-4. Katholische Kirche Bochum. Informationen – Initiativen – Ideen. Hrsg. vom Katholikenausschuß in der Stadt Bochum o. J. (ca. 1977) S. 178. Chr. Allroggen, 1872 St. Marienkirche 1972. Julius Falter, Der preußische Kulturkampf von 1873 bis 1880 mit besonderer Berücksichtigung der Diözese Paderborn, Paderborn 1900).

„Die ersten Bemühungen" den Redemptoristenorden „in der Diözese Paderborn zu beheimaten, waren durch seine Missionstätigkeit bedingt ... Erst 1859 war die norddeutsche Redemptoristenprovinz gegründet worden.
Daß es gerade in Bochum „zu einer Neugründung" kam, ist das Hauptverdienst P. Eickenscheidt, „der aus Wattenscheid stammte" und mit einer Reihe bekannter Bochumer Familien verwandt war. 1865 hielten die Redemptoristen eine Mission in Castrop, und von da aus kam P. Eickenscheidt zum ersten Mal nach Bochum am 27. Oktober 1865, um die Möglichkeit einer Gründung zu prüfen.
Hier besuchte er seinen Vetter Schulte-Oestrich. Herrn Laarmann (Gastwirt und Kaufmann) und Bürgermeister Greve ... Es wurde ein Komitee gegründet! Zu ihm gehörten Rektor Cumpernatz, Herr Schulte-Oestrich und dessen Söhne Otto und Hermann, Herr Kaufmann Laarmann und Sohn, Direktor Mayer und Schulze-Krahwinkel. Später wurde Vikar Vogtmann Präsident des Komitees. Er war zuerst schärfster Opponent des Klosters, dann aber bester Förderer der geplanten Neugründung... Die Vorverhandlungen dauerten drei Jahre ... Eine Gruppe einflußreicher Bürger der Stadt hatte ein Grundstück im Weilenbrink, ... und schon mit dem Kirchenbau begonnen. Das Volk und die Geistlichen waren gegen diese Kirche ... Die Bochumer Bevölkerung sah in der neugeplanten Kirche, die zu klein war, eine Kirche für die Prominenz, darum der Name ‚Crinolinenkirche' ... Die Redemptoristen lehnten das ab. ...
... „Die erste Gründungsversammlung des Komitees 1868 ... platzte durch eine Rede des Herrn Schulze-Krahwinkel, der sich sowohl gegen die geplante Pfarrkirche wie auch gegen das Kloster aussprach. Ein paar Tage später kam man wieder zusammen, und die Sache nahm eine günstige Wendung. Das ist vor allem dem Vorsitzenden Vikar Vogtmann zu verdanken. Man entschied sich, das Grundstück der Geschwister Westerhoff an der Fahrendelle zu kaufen. Am 16. März 1868 stellte Bischof Konrad Martin von Paderborn die Berufsurkunde aus. Und am 19. März 1868 ... kamen Pater Zobel, Pater Eickenscheidt und Bruder Matthias nach Bochum. Das gekaufte Gelände war Eigentum der drei Schwestern Christiane, Helene und Agnes Westhoff... Vikar Vogtmann und ... Herr Laarmann jr., ... erreichten es, das anliegende Grundstück zu kaufen, das Herrn Konrad Baltz, einem Neffen der Geschwister Westhoff gehörte ...

Bis zum Bau von Kirche und Kloster verging aber noch etwas Zeit. Zuerst mußte für die Patres und Brüder eine provisorische Wohnung geschaffen werden. Sie wurde gefunden im Hause des Schreinermeisters und Zimmermanns Heinrich Dünnwald, Brückstraße 883 . . .
Ab 19. Mai 1868 wurde der Grundstein zum Bau des Klosters gelegt, ebenso der Grundstein „Zum Turm". Zwei Ziegelöfen wurden auf unserem Grundstück angezündet und die Steine an Ort und Stelle gebrannt. . . . Schon am 15. August des gleichen Jahres konnten die Dachbalken eingezogen werden. . . .
. . . Bereits im Oktober wurde im neuen Kloster die Notkirche errichtet. Es war praktisch der ganze erste Stock, denn die Notkirche faßte 1700-1800 Gläubige. . . .
. . . Das Bochumer Kreisblatt berichtet: ‚Die Schnelligkeit mit der der ganze Bau betrieben wurde, verdanken die Patres Gott, der ihnen gutes Bauwetter gab und der Energie des Herrn Baumeisters Sonntag und der Tüchtigkeit des Maurermeisters Giesen.' . . .
Die Grundsteinlegung der Kirche war am 19. März 1869. . . . Die Einweihung . . . erfolgte kurz nach dem Ausbruch des Krieges am Sonntag, dem 31. Juli 1870 morgens um 5 Uhr durch Pater Zobel. Die Notkirche im unteren Geschoß des Hauses wurde Lazarett, und dann später ausgebaut".
Der Preußische Staat honorierte diese Anstrengung nicht. Er erließ am 4. 7. 1872 die Jesuitengesetze, unter welche auch die Redemptoristen fielen.
„Am 26. 6. 1873 erfolgte die Auflösung des Klosters durch ein Dekret der preußischen Regierung. Alle Proteste des Bischofs, der Geistlichen, der Patres, der Bürgerschaft und alle Sympathiekundgebungen waren nutzlos. Es wurde sogleich den Patres verboten, Gottesdienst in ihrer Kirche zu halten. . . .
Es wurde ein Mietkontrakt aufgestellt, durch den die von der Pfarrseelsorge unabhängigen Geistlichen besoldet wurden. Das Kloster wurde an Privatleute vermietet. Die drei Priester, die unter Rektor Cumpernatz die Seelsorge an der Klosterkirche ausübten, wohnten im Kloster. Schon bald aber wurde der Generalvikar von Paderborn wegen Anstellung der Geistlichen angeklagt, und die drei Priester wurden ebenfalls verbannt. Nun versuchte Rektor Cumpernatz den Gottesdienst allein aufrechtzuerhalten. Die Pfarrgeistlichen halfen mit. . . .
Der Pfarrgottesdienst von St. Marien wurde in die Klosterkirche übertragen. . . . Seit 1877 zahlte nun die Pfarrgemeinde St. Marien Miete für die Kirche an die Redemptoristen. . . . 1882 wurde die Marienkirche den Katholiken zurückgegeben.
Der neue Probst Köster gestattete, daß die notwendigsten Instandsetzungsarbeiten an und in der Klosterkirche gemacht wurden. Hochaltar, Bänke und Kanzel wurden angeschafft. Inzwischen war auch die Gründung einer dritten Gemeinde notwendig geworden. Man wollte zuerst die Klosterkirche als

Pfarrkirche haben, und 1886 wurde ein Vertrag geschlossen, durch den die Gemeinde die Klosterkirche mietete. . . .

. . . Der Plan, die Klosterkirche endgültig als Pfarrkirche zu erwerben, scheiterte". Nach Fertigstellung der Josephskirche 1892 war die Klosterkirche bis 1899 verwaist.

„In diesen Jahren begann im Ruhrgebiet die Polenseelsorge. Es waren etwa 100 000 Polen hier, die kein Deutsch konnten. Man suchte Geistliche für diese Seelsorge. Und das war der Grund, weshalb der Bischof sich an die Regierung wandte, die Redemptoristen wieder zurückzurufen. Man antwortete, das Gesuch sei nicht abgeschlagen, aber man müsse Rücksicht nehmen auf die Protestanten. . . .

Die Kulturkampfgesetze wurden langsam abgebaut. In Trier und Aachen konnten unsere Patres bald wieder einziehen, nachdem am 19. Juli 1894 „durch Bundesrathbeschluß" die Wiederzulassung Wirklichkeit geworden war. Doch die Rückkehr nach Bochum verzögerte sich bis 1899. Das lag daran, daß die Beschlüsse nur zögernd durchgeführt wurden und daß der evangelische Bund hier besonders aktiv war und gegen die Wiederzulassung protestierte. Endlich kam die Zulassung am 27. Januar 1899 (Kaisers Geburtstag).

(Zitate nach Bernhard Scholten, 100 Jahre Redemptoristenkloster Bochum, Bochum 1968, ohne Pag.; Vgl. auch: Joseph M. Hasler, Kirche und Kloster ‚Maria Hilf' der Patres Redemptoristen, Fortsetzungsserie ab 16. 6. 1934 in Beilagen zur Westfälische Volkszeitung).

Der noch unbekannte Architekt hat die Kirchenfassade neben dem Kloster zurückgesetzt, so daß ein kleiner rechteckiger Platz entsteht. Der Turm mit okotogonalem Aufbau rückt in den „toten" Winkel. Die breitgezogene Fassade mit ihrer Lisenengliederung erinnert an lombardische Modelle. Die querhauslose, ursprünglich kreuzgratgewölbte Pfeilerbasilika besitzt Triforien, die zur Belichtung des Chores in dessen Vorjochen durchfenstert sind: auch die Seitenschiffsfenster werden auf das Untergeschoß der Chorwände projiziert. Als Rudiment eines Kreuzgangs schließt im Garten eine Galerie an das Seitenschiff an.

Ein sehr einschneidendes Datum in der Geschichte der Katholischen Pfarreien Bochums war der 18. Oktober 1888. An diesem Sonntag wurde von der Kanzel der Peter- und Pauluskirche ein Hirtenbrief des Paderborner Bischofs Franz Kaspar Drobe verlesen. Zusätzlich zur Peter-Pauls-Pfarrei, die gleichzeitig Propstei wurde, entstanden sechs neue Pfarreien, nämlich: Marien, Joseph, Altenbochum, Hamme, Hofstede und Wiemelhausen (St. Franziskus Bochum-Riemke, Wiesbaden 1967, S. 3). „Für St. Joseph und St. Marien als landesherrliche Patronate sollten die Pfarrer vom Oberpräsidenten präsentiert werden, ehe sie im Dom zu Paderborn zu Pfarreien investiert werden durften" (Allroggen, S. 5).

Die Josephspfarrei zählte bei ihrer Gründung ca. 7 000 Mitglieder. Am 14. April wurde der Grundstein für die Kirche gelegt, sie konnte schon am 24. November 1892 geweiht werden. Die Baukosten betrugen 244 000 Goldmark; sie überstiegen den Voranschlag um 74 000, da man Planänderungen vornahm. Das Pfarrhaus kostete 51 260. „Plan und Durchführung lagen in den Händen des Architekten Hermann Wielers" (1845-1917), der zahlreiche katholische Sakralbauten Bochums errichtete. Reg.-Baumeister, geb. in Münster. Die Baumaße sind beachtlich: Die Höhe des Hauptschiffs 18 m, Höhe des Vierungsturms 30 m, Gesamtlänge 52 m, Breite des Hauptschiffs 23 m, Breite des Querschiffs 32 m (Heinz Dohmen, Abbild des Himmels. Tausend Jahre Kirchenbau im Bistum Essen, Mülheim/Ruhr 1977, S 172 ff, Text Leo Kreis).
Die Doppelturmfassade und der allgemeine Formcharakter suggerieren – obwohl es sich hier um einen Ziegelbau handelt – eine Verwandtschaft mit Limburg, doch ist die Beziehung zu Essen-Werden viel enger (Vierungsturm, Querhaus, Rosen im Obergaden).
„Schwierigkeiten bereitete allerdings zunächst die Platzfrage. In der Gemeinde bestanden zwei Parteien... Die eine wünschte die Kirche auf dem Eckgrundstück Albert- und Mühlenstraße, wo sich damals noch der Meiersche Garten, dicht hinter dem alten Rathaus befand", die andere trat für den jetzigen Platz ein. Dem Kirchenvorstand lag 1889 „ein Angebot von Frl. Agnes Westhoff vor, die ihr 270 Ruten großes Grundstück zum Preise von 21 713 Mark der Gemeinde abtreten wollte. Die Körperschaften stimmten diesem Angebot zu. Der Platz war aber nicht so groß, daß er auch Raum für die Errichtung eines Pfarrhauses geboten hätte, zumal noch vor dem Baubeginn fast die Hälfte an die Stadt abgetreten werden mußte für eine hier anzulegende Straße. Die geplante Straße ist nachher allerdings doch nicht zur Durchführung gekommen. Dafür errichtete die Stadt dann später auf diesem ihr nun gehörenden Gelände das Schulgebäude neben der Kirche (3. 2. 1896 Weihe), das leider nach dem Kriege u. E. ohne ersichtlichen Grund abgebrochen worden ist. Für das Pfarrhaus wurde ein Gelände von den Erben Baltz erworben in einem Umfang von 65 Ruten zum Preise von insgesamt 13 000 Mark (Joseph M. Hasler, Das Heiligtum des Hl. Josephs in Bochum, Geschichte von Kirche und Gemeinde Bochums 1950).
Neben den Doppeltürmen (H 52 m), deren einer dem Krieg zum Opfer fiel, dominiert der oktogonale Vierungsturm den Bau; kleine Treppentürmchen am Chor kommen hinzu. Die nur zweijochige Pfeilerbasilika wurde im gebundenen System errichtet, die Gewölbe des Mittelschiffs sind also sechsteilig, die der Abseiten vierteilig. Die Dienste werden bis zum blinden Triforium herabgezogen. Das Querhaus besitzt angeschobene Apsiden und flachgeschlossene Nebenchöre, die Pultdächer am Außenbau setzen hart an. Der Vierungsturm besitzt ein achtteiliges Rippengewölbe über dreifach gestuften Trompen. Im Chor stand ein aufwendiger Ziboriumsaltar.

Die erst 1888 entstandene Marienpfarrei zählte im Jahre 1900 schon 15 000 Seelen. „Der Pfarrer ließ sich von Herrn Grimberg einen Bauplatz schenken." Auch hier lieferte Hermann Wielers die Pläne. Die Gesamtkosten beliefen sich auf 240 000 Mark, „jedoch wurden 300 000 Mark erforderlich, weil sich herausstelllte, daß wegen der schlechten Bodenverhältnisse die Fundamente des Turmes betoniert werden mußten." Der Grundstein wurde am 7. Juli 1901 gelegt. „Die Kirche erhielt zum Patron den heiligen Antonius, den Namenspatron des Pfarrers." Sie wurde am 7. Dezember 1902 konsekriert (Karl Heimhardt, Kottsiepe und Schausten, Die Marienkirche und die Marienpfarrei in Bochum, 1928, S. 29 f.) und am 23. 9 1904 geweiht. Der Bau ist eine dreischiffige, fünfjochige gotisierende Halle „mit Haupt-, Vor- und anschließenden Seitenchören. Das Hauptchor hat eine Breite von 8,22 m und eine Länge von 8,25 m. Der Flächeninhalt des Kirchenraumes einschließlich aller Nebenräume beträgt 820 Quadratmeter. Die Höhe des Mittelschiffs bis zur Unterkante des Schlußsteins beträgt 15,70 m und die der Seitenschiffe 13 m. Der Turm ist 78 m... Die Kirche ist von außen mit hiesigen Maschinensteinen verblendet. Alle Wasserschläge, Gesimse und kleineren Architekturteile sind in Tuffstein, teils in Adelfanger Sandstein ausgeführt. Der Belag des Fußbodens besteht aus Mettlacher Platten ... Die Bedachung besteht aus Mühlenbacher Moselschiefer. Im Hauptportal erhebt sich die lebensgroße Statue des Schutzpatrons der Kirche, des hl. Antonius des Einsiedlers ... aus der hiesigen christlichen Kunstanstalt der Firmen Hellermann und Scharwitz." (Zur Einweihung der St. Antonius Kirche in Bochum. Am 7. Dezember 1902 Beilage zur Westfälische Volkszeitung). Durch Kriegszerstörungen hat die Kirche viele gotisierende Details eingebüßt: den spitzen Turmhelm, den Wimperg über dem Portal, fast das gesamte Maßwerk, den Dachreiter, im Innern die Kreuzrippengewölbe.

Als am 2. November 1913 die Elisabethkirche in Bochum-Gerthe eingeweiht wurde, kam eine komplexe Gemeindegeschichte zum Abschluß. 1895 erklärte sich Josef Sökeland bereit, an seine Gastwirtschaft einen Saal anzubauen, der ausschließlich kirchlichen Zwecken dienen sollte. Währenddessen erwarb der am 11. März 1894 gegründete Leo-Kirchenbau-Verein ein Grundstück auf dem Gelände des heutigen Marktplatzes, das z. T. auch von der Zeche Lothringen gespendet wurde. Dort konnte am 1. August 1896 die feierliche Grundsteinlegung für die erste Kirche in Gerthe erfolgen. Sie wurde 1898 beendigt. Doch wurde dieses Gelände später an die Gemeinde verkauft und ein neues Gelände ebenfalls durch die Zeche Lothringen erworben. Dort begann man 1912 mit dem Neubau. Der Entwurf – auch für das Pfarrhaus – stammte von Johann Franz Klomp aus Dortmund. Für 165 000 Mark zuzüglich 25 000 Mark für die Pfarrei führte der Bauunternehmer Nikolaus Haase den Auftrag aus. Die Fenster stammten vom Glasmaler Bernhard Kraus aus Mainz, die Ausmalung von Sichtemann und Edelmann. Klomp soll sich bei

dem Bauplan an das „Vorbild einer nicht näher bezeichneten schottischen Kirche" gehalten haben. (Heinz Dohmen, Abbild des Himmels, Tausend Jahre Kirchenbau im Bistum Essen, Mülheim/Ruhr, 1977, S. 194 f, Text Klaus Kramer, St. Elisabeth Bochum-Gerthe, Wiesbaden 1966).
Johann Franz Klomp war am 7. Februar 1865 in Den Haag als ältestes von 14 Kindern eines bekannten holländischen Bauunternehmers geboren. „In Holland besuchte der junge Klomp die Schule, ging danach in eine Zimmermannslehre und absolvierte von 1883 bis 1888 in Hannover das Polytechnikum (die spätere technische Hochschule). Dort war er Schüler von Conrad Wilhelm Hase und erzielte in seinem Diplom-Examen die Note „Sehr gut". Meistens zu Fuß durchstreifte er 1889 Italien und Sizilien und gewann auf dieser Studienreise Impulse für sein künftiges Schaffen. Aus seiner 1890 geschlossenen Ehe mit Sophie Backhaus entstammten fünf Kinder, von denen ein Sohn wieder Architekt wurde (dessen Sohn übrigens auch!). J. F. Klomp eröffnete in Hannover 1893 ein eigenes Büro, entwarf Profanbauten und seine ersten Kirchenbauten. ... Aber erst in Dortmund begann 1896 seine große Schaffensperiode. ... Bereits vor dem Ersten Weltkrieg gab es in Oberschlesien, in Beuthen, eine Zweigfirma von Dipl.-Ing. J. F. Klomp, Theodor Ehl, Architekten, Atelier für Architektur und Kunstgewerbe. In den Nachkriegsjahren nahm die Bautätigkeit an Umfang und Bedeutung ab . . . Sein Dortmunder Haus wurde nach 1945 zerstört, mit ihm der größte Teil von Plänen und Akten. 81-jährig starb J. F. Klomp am 14. Februar 1946 in Kamp-Bornhofen am Rhein" (Manfred Schöne, J. F. Klomp, der Erbauer der St. Martinus-Kirche in Olpe, in: Heimatstimmen aus dem Kreise Olpe 95, 1974, S. 70-73).
Die mächtige neuromanische Basilika wird von einem Turm nach dem Vorbild des Paderborner Domes beherrscht. Ein Kapellenanbau verbreitet optisch die Fassade. Auch das stilgleiche und ebenfalls in bossiertem Haustein gegebene Pfarrhaus wird einbezogen. Mächtige Säulen auf Löwen tragen das kleeblattförmige Hauptportal. Über St. Michael als Drachentöter am Türpfeiler wird im Tympanon das Rosenwunder der Kirchenpatronin dargestellt. Zum Fassadenschmuck zählen eine Blendgalerie und skulptierte Felder mit Dreiecksgiebeln. Ein Blendgalerie umzieht auch die Hauptapsis.
Nachdem das erste Gotteshaus in Wattenscheid-Höntrop, die Leprosenkapelle, 1862 abgebrochen worden war, ließen die Vikare (August) Ludolph und (Franz) Nolte 1862/3 ein neues Gotteshaus auf demselben Grund bauen. Es erhielt bei der Kirchweihe am 28. Januar 1864 in Erinnerung an die Patronin der Leprosenkapelle den Namen St. Maria Magdalena. Die Baukosten werden von den Gläubigen der Gemeinde Westenfeld und Höntrop aufgebracht" (Kläre Kupitz, Von Hogingthorpe bis Höntrop, Aus der Geschichte und dem Leben eines Dorfes, Wattenscheid 1977, S. 41). 1886 wurde der Kreuzarm angebaut. 1894 das neue Pastorat errichtet (Festschrift

zur 500-Jahrfeier der Kath. Kirchengemeinde St. Maria Magdalena zu Wattenscheid-Höntrop am 30. und 31. Juli 1949, S. 10). Die politische Gemeinde Höntrop wuchs rasch, so stieg z. B. die Einwohnerzahl von 2396 im Jahre 1895 auf 5203 im Jahre 1900. Bis 1894 gehörte Höntrop zum Kirchspiel Wattenscheid St. Gertrude, dann wurde es eigene Pfarrei. „Pfarrer Sternberg plante einen Erweiterungsbau. Darüber starb er 1897 . . . Pfarrer (Heinrich) Pehle, der nach dem Tod von Pfarrer Adams 1899 nach Höntrop kam, hielt einen Neubau für notwendig und kaufte 1904 einen Bauplatz, auf dem die jetzige Kirche steht. Die Stillegung der Zeche Maria Anna & Steinbank (Mariann) im Jahre 1904 durchkreuzte seine Pläne. Statt der Kirche ließ er in demselben Jahr das Vincenzhaus mit ‚Kinderverwahrschule' und Nähschule für schulpflichtige und schulentlassene Mädchen bauen (Der Anbau mit Kapelle wurde 1909 errichtet) . . . Erst Pfarrer Eckhardt, der 1910 Pfarrer Pehles Nachfolger wurde, konnte den Neubauplan verwirklichen. Im Oktober 1915 war in der 2. Höntroper Kirche der letzte Gottesdienst. Der Abbruch der Kirche geschah 1923 vor dem Ausbau der jetzigen Höntroper Straße" (Kupitz S. 42). Im Frühjahr 1914 wurde mit dem Neubau begonnen. Den Plan hatten der Mainzer Dombaumeister Professor Ludwig Becker und sein Mitarbeiter Falkowski entworfen. Als am 1. August 1914 der Krieg ausbrach, wurde der Bauleiter Architekt Karl Simshäuser aus Wattenscheid und der Bauunternehmer Franz (Josef) Evers aus Westerfeld zum Kriegsdienst eingezogen. Der Maurerpolier Pohl übernahm die Leitung" (Kupitz S. 46). Kirchweihtag war der 17. Oktober 1915. Der Hochaltar wurde Weihnachten 1924 übergeben, 1924 folgte der Josephsaltar. 1927 wurde der Bau durch den Kirchenmaler Robert Nachbauer aus Stuttgart ausgemalt. Eine Erneuerung des Kirchenraumes wurde im September 1969 begonnen. Das Architektenteam von Hausen aus Münster entwarf dazu den Plan". Der Bau ist eine tonnengewölbte Basilika mit mächtiger Einturmfassade und vorgelagertem Tempietto. Trotz des letztlich romanischen Fassadenquerriegels wird der Bau, vor allem im breitgelagerten Innenraum, durch neobarocke Formen geprägt. Die niedrige, unbelichtete Vierungskuppel tritt im Innern kaum in Erscheinung. Die gerade geschlossenen Fenster unter den Stichkappen, im Querhaus mit Palladiomotiven, spenden verhältnismäßig wenig Licht. Das Hauptgebälk mit Zahnschnitt läuft im Querhaus nicht durch, die Gliederung wird dort zu den Stirnwänden hin verschliffen. eigentümlich war die Schaffung kleinerer „Räume" für Seitenaltäre durch eine vom Triumphbogen aus in das Chorvorjoch stoßende Kolonnade. Die doppelstöckige dreiteilige Orgelempore wirkt wie anorganisch an das Hauptschiff angesetzt.

„Der inzwischen gewonnene Überblick über das Schaffen des in Freiburg und Köln ausgebildeten Architekten läßt eindeutig (Joseph) Franke (1876 Wattenscheid-1944 Gelsenkirchen) als den fruchtbarsten und zugleich wandlungsfähigsten einheimischen Kirchenbaumeister seiner Zeit von überregionaler Bedeutung hervortreten. Sein Weg führt in konsequenter Weise vom Jugendstil über den Expressionismus zur neuen Sachlichkeit der frühen 1930er Jahre . . . Fast immer sind die Kirchen von ihm zusammen mit dem Umraum als Anstöße zu neuen städtebaulichen Konzeptionen gesehen und gestaltet worden... die dann aber wegen der Rezession während des 1. Weltkrieges und der späteren Weltwirtschaftskrise nicht weiter verwirklicht werden konnten" (Dorothea Kluge, Kurzinventarisation der Kirchen und Kapellen des 19. und frühen 20. Jahrhunderts in Westfalen-Lippe, in: Westfalen 56, 1978, S. 271).

Für Frankes fast unbekanntes, noch ganz dem Historismus verhaftetes Frühwerk sind seine Bochumer Bauten wichtig. Der Grundstein zur Herz-Jesu-Kirche in Herne wurde 1909 gelegt. 1912 erfolgte die Konsekration des Hochaltars. Am 15. Januar 1945 beschädigten Bomben die Kirche. Die neoromanische, 5jochige, kreuzgratgewölbte Pfeilerbasilika mit seitlich stehendem Turm und ohne Querschiff hatte eine Mittelschiffhöhe von 11,40 m, eine Seitenschiffshöhe von 5,50 m, ohne Firsthöhe von 17 m bei einer Breite von 20 m, der Turm ereichte 41 m. Der Bau zeichnet sich durch eine eigentümliche Chorlösung mit einer Empore auf der linken Seite aus. Ähnlich wie bei der etwas späteren Lutherkirche ist das Pfarrhaus durch eine neoromanische Galerie mit der Kirche verbunden. Die anspruchsvolle Ausstattung stammte von dem Bildhauer Albert Pehle aus Düsseldorf-Oberkassel, einem Schüler von Mohrmann-Wiedenbrück und von Karl Janssens von der Düsseldorfer Akademie.

Herz-Jesu in Wattenscheid-Sevinghausen wurde 1900 gebaut, aber erst am 18. 10. 1915 konsekriert (Handbuch des Bistums Essen 2. Ausg. 1974, S. 230).

Am 24. 7. 1912 wurde Frankes Herz-Mariä-Kirche in Wattenscheid-Günningfeld konsekriert (Handbuch des Bistums Essen, 2. Ausg. 1974, Bd. 1, S. 228). Der neugotische Bau hat zahlreiche Veränderungen durchgemacht, vor allem der Turm ist zerstört.

St. Johannes Baptist in Wattenscheid-Leithe wurde 1913/14 errichtet und am 19. 10. 1915 konsekriert (Handbuch des Bistums Essen, 2. Ausg. 1974, S. 230). Hier zeigt sich eine gewisse Verblockung neugotisch gebundener Stilformen.

Am interessantesten war die Heilig-Geist-Kirche in Bochum-Harpen. Leider mußte die zwischen 1921 und 1923 errichtete und am 18. 5. 1920 konsekrierte Kirche 1953 wegen Baufälligkeit abgetragen werden. In einem Wettbewerb 1917 erhielt Franke für den Entwurf einer Interimskirche und eines Pfarrhauses den 1. Preis. Er veröffentlichte zusätzlich einen Aufteilungsplan, in welchem er die endgültige Kirche vorsah. Das Stilkostüm ist abgestreift (Die Arbeiten des Architekten Josef Franke, in: Wohnungskunst. Das bürgerliche Heim vereinigt mit der Münchener Halbmonatsschrift Die Raumkunst 10, 1918, 25-68 – Paul Joseph Cremers, Joseph Franke. Reihe: Der deutsche Architekt, Berlin-Leipzig-Wien 1930).

In Leithe überspannt ein Netzgewölbe die querschiffslose Pfeilerbasilika, die ursprünglich ein Joch länger werden sollte. Die Seitenschiffe weisen nur Kreuzgrate auf, ihre Stirnen springen am Außenbau um ein Geringes vor und sind in Haustein abgesetzt, der geschickt als Kontrast zu den sonstigen Putzflächen genutzt wird. Die versachlichten Maßwerkformen unter Korbbögen wirken „englisch", ohne daß ein bestimmtes Vorbild zu nennen wäre. Über einem Vorbau mit tief liegendem Doppelportal und geschwungener Haube durchstößt der rechteckige Turmblock aktiv die Trauflinie. Der gotische Vertikalismus der Maßwerkstäbe löst die massige, „romanische" Mauerwirkung des in der Bosse belassenen Haustein ab. Die Rose bringt mit an Zentrum und Peripherie gegenläufigem Maßwerk eine Kreisbewegung ein. Drei Wimperge über dem Obergaden, welche am Außenbau die Dachlinie durchstießen, wurden beseitigt. Nicht ursprünglich sind die Rundfenster im Chorvorjoch. Der Außenbau wird durch vorgegebenen Farbwechsel des Steinmaterials und der Putzflächen glücklich belebt. Insgesamt liegt hier sicher eine protomoderne Tendenz zur Vereinfachung und Versachlichung der Raumformen vor. Ob in der Wahl der Gotik hier schon eine Tendenz zum Expressionismus vorliegt, dies wird erst spätere Forschung klären können (Vgl. Die Arbeiten des Architekten Josef Franke, Gelsenkirchen. in: Wohnungskunst. Das bürgerliche Heim vereinigt mit der Münchner Halbmonatsschrift Die Raumkunst, 10, 1918, S. 25 ff. – P. J. Cremers, Der deutsche Architekt Joseph Franke, Leipzig, Berlin, Wien 1930).

69
Arnold Güldenpfennig,
Bochum-Wattenscheid,
Propsteikirche

70
Arnold Güldenpfennig,
Bochum-Wattenscheid,
Propsteikirche

Innenansicht der Propsteikirche St. Gertrud
Blick vom Turmeingang zum Altarraum
— Foto: Hartmut Vogler, Ratingen 8 —

71
Bochum, Redemptoristenkirche

72
G. A. Fischer,
Bochum, Marienkirche

73
Hermann Wielers,
Bochum, Josephskirche

74
Hermann Wielers,
Bochum, Josephskirche

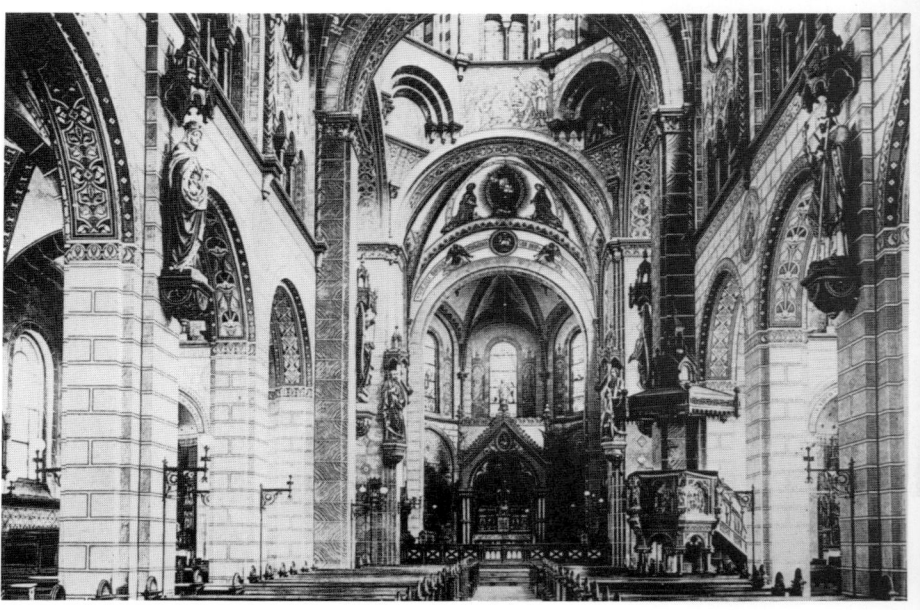

75
*Hermann Wielers,
Bochum, Antoniuskirche*

76
*Johann Franz Klomp,
Bochum-Gerthe, Elisabethkirche*

77

*Josef Franke,
Bochum-Wattenscheid,
Johanneskirche*

78

*Ludwig Becker,
Bochum-Wattenscheid,
St. Magdalena*

79

*Ludwig Becker,
Bochum-Wattenscheid,
St. Magdalena*

XIII. Die Synagoge

Der Gründungsbau der Bochumer Synagoge datiert von 1861. Er enthielt ursprünglich 200 Sitzplätze und eine Empore mit 100 weiteren. Es handelt sich um einen quadratischen Block, in welchem vier Rundpfeiler über wiederum quadratischem Grundriß einen oktogonalen Tambour trugen. Dem Kubus vorgelagert war eine Eingangsfront mit Rundbogenportal und Doppelfenster im Emporengeschoß und Durchfensterung auch an den Seiten. Die seitliche Begrenzung des Eingangstraktes erfolgte durch kleine, minarettartige Türmchen. Ein einfacher Rundbogenfries schloß das Dachgesims ab.
Joseph Seché aus Köln erweiterte die Synagoge 1895/7 erheblich auf 300 Sitz- und 200 Emporenplätze (Festschrift, dem 20. Westfälischen Städtetage gewidmet von der Stadt Bochum 1896, S. 49 mit Grundriß). Er baute eine halbrunde Apsis mit Kalotte und eingestellten Säulen an. Dem Chor gegenüber schuf er einen Anbau in der Breite der inneren Rundpfeilerstellung und erweiterte so den ursprünglichen Zentral- zu einem Längsbau. Nach der Eingangsseite legte er ein Portal in einer Mischung aus neoromanischen und byzantinischen Elementen vor. Diesen Seitenraum und sein Pendant gegenüber krönte er durch oktogonale Türme mit Zinnenkranz und Kugelkuppeln. Ähnlich gestaltete er den zentralen Tambour um. Um das Biforium der ursprünglichen Eingangsfront legte er im Sinne des Jugenstils einen Dreiviertelkreis. Das alte Portal krönte er mit einem geschweiften Kielbogen. Im Sinne dekorativer Bereicherung erfolgte auch die Horizontalbänderung des Baus. Zu einem nicht näher bekannten Zeitpunkt wurden die Zinnen und die kleineren Kuppelaufbauten beseitigt.
Trotz neoromanischer und byzantinisierender Elemente erinnert das Ganze am ehesten an indische Mogularchitektur, wie sie spätestens seit John Nash's Royal Pavilion in Brighton in Europa populär war. Eine Synagoge in diesem eigenartigen Mischstil hatte z. B. der Kölner Dombaumeister Zwirner 1861 konzipiert. Dieser orientalisierende Stil hatte kurz vor 1850 in Synagogenbauten die Oberhand gewonnen. Eine Übernahme der Neugotik wurde als spezifisch christlich abgelehnt. „Es ist möglich, daß es das neuerwachte Interesse an der glanzvollen Periode des spanischen Judentums war, das eine Rückkehr zum architektonischen Stil ihrer Synagogen einleitete" (S. 110).
„Vielleicht war man auch der Meinung, daß die architektonischen Traditionen, die man einst mit den Arabern gemeinsam hatte, deshalb den Vorzug vor den übrigen Stilarten verdienten, weil die Juden selbst aus dem Orient stammten und den Ländern des Islams eine größere Freiheit und weit höhere Achtung genossen hatten als im Abendland" (S. 110-111). „Man hatte auch gegen diesen Stil Einwände erhoben. Der jüdische Architekt Albert Rosengarten, der die Synagoge von Kassel im romanischen Stil baute, schrieb 1874 ein populäres Buch über Architekturstile, in dem er meinte, ‚daß nicht der

geringste Grund dafür besteht, den maurischen Stil der Synagogen des Westens für adäquat anzusehen. Die Juden stehen in politischem und sozialem Verkehr mit ihrer christlichen Umwelt. Der Stil der Lustschlösser der maurischen Könige (d. h. der Alhambra in Granada) ist vielmehr für das Innere der Synagogen unangebracht. Ganz verfehlt aber sind die türkischen Kuppeln und übrigen orientalischen und arabischen Formen, bei denen nur der Halbmond fehlt, so ähnlich sind diese Bauten nicht jüdischen, sondern mohammedanischen Gotteshäusern" (S. 113).
Die in Sechés Bau wieder aufgegebene quadratische Grundrißform kann man folgendermaßen begründen: „Der basilikale Typus, der viel Jahrhunderte hindurch wegen seiner Einfachheit und Übereinstimmung mit dem jüdischen Zeremonial in den Synagogen so beliebt war, wurde in Frage gestellt, als man öffentliche Gottesdienste zu reformieren begann". Es „wuchs die Bedeutung des Rabbiners, der... zu einem Prediger wurde... Der Vorbeter wurde von seinem Platz inmitten aller übrigen Beter auf die Kanzel versetzt. Das zentrale Bima (der Almenor, von wo aus die Thora verlesen wurde, vereinigte sich mit dem Treppenaufgang zur Heiligen Lade. Die Kanzel wurde nunmehr zum bedeutungsvollen, selbständigen Mittelpunkt und das gesamte Geschehn verlagert sich auf eine Seite des Raumes. Nachdem sich diese Änderung vollzogen hatte, erwachte auch der Wunsch, die optischen und akustischen Wirkungen zu verbessern. Das führte zu einer Auflockerung des Grundrisses. Die Form folgte der Funktion. Zuerst verkürzte man die Basilikahalle, dann legte man sie quadratisch an, wobei die Sitzplätze von der Mitte nach den Seiten stufenweise anstiegen. Mit dem Anwachsen der Gemeinden kam es zur Übernahme des griechischen Kreuzgrundrisses mit dem gewölbten Mittelraum, da diese Form bei einem Maximum an Sitzen näher an die Vorderpodien heranführt, auf denen sich Gebet und Predigt abspielen und auch strukturell einen größeren Raum überbrücken kann als die basilikale Säulenhalle. Zu einem späteren Zeitpunkt übernahm außer der jüdischen Reformbewegung auch die Orthodoxie den quadratischen (später achteckigen) Kuppelsaal, da man überall vor dem Problem stand, eine zahlreiche Beterschaft unterzubringen" (S. 117; alle Zitate nach B. Cecil Roth, Die Kunst der Juden, Band II, Frankfurt 1964).
Hannelore Künzl (Synagogen, in: Kunst des 19. Jhdts. im Rheinland, hrsg. von Eduard Trier, Willy Weyres, Bd. 1, Architektur I, Kulturbauten Düsseldorf 1980, S. 339) schildert die Situation so: „Der Synagogenbau des 19. Jahrhunderts... war... über die Stilfrage hinaus eng mit gesellschaftlichen Problemen verknüpft, die mit der Auflösung der Ghettos und der Integrierung der Juden in den Staat zusammenhingen. Die geistige Basis hierzu schuf die jüdische Aufklärungsbewegung des 18. Jahrhunderts, die für eine allgemeine Bildung, Pflege der deutschen Sprache und eine Reform des Gottesdienstes eintrat. Das Ziel, die gesellschaftliche Gleichstellung der

Juden, letztlich erst 1870/71 voll erreicht, stellte die Juden vor Probleme, die eine innerjüdische Auseinandersetzung (Religion und Religionspraxis) mit von außen herangetragenen Forderungen verband. Der Kampf um die Gleichberechtigung, die sich allmählich lockernde Gesetzgebung, die Forderung der Christen nach Anpassung und die innerjüdische Diskussion um die Gottesdienstform schufen im frühen 19. Jahrhundert eine neue Situation, die auch für den Synagogenbau entscheidend war. Durch die schrittweise Aufhebung des Verbotes der Ansiedlung von Juden in den Städten entstand ein starker Zustrom aus den Landgemeinden in die Großstädte, der den Bau großer Synagogen erforderlich machte. Diese wurden – um die neue Freiheit zu dokumentieren – nicht selten als Prachtbauten errichtet.... Unabhängig von der Stilwahl entstanden durch die Forderungen der Reform auch Veränderungen im Innenraum: die Bima (Vorlesepult) verschwand aus der Raummitte und wurde im Osten mit dem Aron (Thoraschrank) zu einer Einheit zusammengefaßt. Infolgedessen gruppierte man die Sitzbänke nicht mehr um das Zentrum, sondern stellte sie nach Osten gewendet auf, wodurch die Synagoge wie die Kirche eine Richtung erhielt. eine weitere Konzession an den Kirchenbau zeigte sich in der Einführung der Orgel und der Kanzel für die Predigt in der deutschen Sprache".

Bochums israelitische Gemeinde besaß seit 1594 eine Synagoge auf der Schüttebahn. „1830 gab es 13 Familien mit 133 Personen". Um 1900 zählte Bochums israelitische Gemeinde etwa 150 Familien mit etwa 800 Seelen. Zu ihr gehörten auch die Israeliten aus Wanne, Eickel, Riemke, Werne, Weitmar sowie einigen anderen nahe gelegenen Dörfern (Max Slippel, Bochum einst und jetzt. Ein Rück- und Rundblick bei der Wende des Jahrhunderts, Bochum 1901, S. 71-72) (Vgl. auch Helmut Eschwege, Die Synagoge in der deutschen Geschichte, Dresden 1980, S. 117, Abb. 120 mit irrigen Angaben zum Umbau).

80

Joseph Seché, Bochum, Synagoge